从零开始读懂
经济学

邓琼芳◎编著

云南出版集团
云南美术出版社

图书在版编目（CIP）数据

从零开始读懂经济学 / 邓琼芳编著. —昆明：云南美术出版社，2020.6
ISBN 978-7-5489-4077-7

Ⅰ.①从… Ⅱ.①邓… Ⅲ.①经济学—通俗读物 Ⅳ.① F0-49

中国版本图书馆 CIP 数据核字 (2020) 第 087203 号

出 版 人：李维　刘大伟
责任编辑：汤彦　孙雨亮
责任校对：钱怡　李艳

从零开始读懂经济学

邓琼芳 编著

出版发行：	云南出版集团
	云南美术出版社
社　　址：	昆明市环城西路 609 号（电话：0871-64193399）
印　　刷：	永清县晔盛亚胶印有限公司
开　　本：	880mm×1230mm 1/32
印　　张：	7
版　　次：	2020 年 7 月第 1 版
印　　次：	2020 年 7 月第 1 次印刷
书　　号：	ISBN 978-7-5489-4077-7
定　　价：	38.00 元

前　言

提到经济学，我们脑海中往往会下意识地联想到华尔街、货币等这些看似高大上的名词，它似乎离我们的生活很遥远。实际上，经济与我们的生活息息相关，生活中随处可见经济问题。比如，在超市里结账，我们都想排在速度较快的队伍里，这就是考虑到了时间成本；去菜市场买菜，我们尽量挑选那些物美价廉的，这是运用的"价值"常识，等等。

对于一些经济学概念，很多人可能感觉既熟悉又陌生。熟悉是因为身边的很多事情都在潜移默化中符合经济学原理，陌生是因为很多人不知道在背后起作用的究竟是什么经济学原理，简而言之就是"知其然而不知其所以然"。

我们知道，要追上一列飞速行驶的列车，唯一的方法就是乘坐比列车更快的交通工具，而基本的经济学原理知识，正是成功人士超越他人的助推力。现实生活中，富人允许自己的口袋穷，却绝不允许自己的脑袋穷；而亿万富翁更是以他们特有的金钱观念和行为模式，通过不懈的努力，让经济学知识为他们带来更多的金钱。

可以说，经济学是一门不可不知的学问，也是一门非常实用和有趣的科学。《从零开始读懂经济学》是一本通俗易懂的经济学读物，它从最基础的经济概念和经济理论开始阐述，将经济理论和经济现象结合起来，并且结合诸多事例，向大众读者全面地介绍了经济学。

另外，本书运用通俗易懂的语言，深入浅出地解析了经济数字背后的秘密、与百姓息息相关的经济学现象、一个国家的经济政策、市场与经济之间的联系以及普通大众普遍关心的消费投资等经济问题，目的就是为读者梳理经济学中最常用的知识点，可以使大众读者用最短的时间了解经济学、读懂经济学。

在我们的日常生活中隐藏着很多赚钱的机遇，关键是我们怎样去找到它。想要钓鱼，你要先知道哪里有鱼；想要赚到钱，就一定要先知道哪里有财富。某著名企业家曾说过这样一段话：这个世界到处都是有才华的穷人，但他们却不懂得经济时代的游戏规则，跳不出时间换钱的陷阱，因此常常错过自己脚边的钻石。

只要我们学会并且掌握了经济学知识，理性地研究眼下的形势与未来的趋势，就必然能够找出财富的藏身之处。而下一步，就是坚决地抓住它！

目　录

第1课　如果不懂经济变现，财富价值如何体现

人的经济前景，取决于经济思维……………………003
计划经济，你做到了吗………………………………006
所谓价值，应该怎样来计算…………………………010
为什么一边求职难，一边用工荒……………………013
养成投资的日常习惯…………………………………016
让手中的钱"流动"起来……………………………021

第2课　经济学看似高远，其实与生活"骨肉相连"

多数财富为什么总是掌握在少数人手中……………029

是什么导致了贫富差距···032

投资是一门综合学科···034

你有多少福利，你心里有数吗·······························037

我们的必需品消费，处在什么水平···························041

保障性住房，你可不可以申请·································044

多样化的投资渠道···048

第3课　建立科学收入规划，为竞争优势加码

高职高薪的秘密——稀缺性···································055

一旦成为需求，价值水涨船高·································059

成本估算：弯道超车还是换道超车···························062

成为品牌，才有卖点：百岁山的爱情故事···················066

听方文山讲故事——投入 vs 产出···························070

信息：新经济时代的制高点···································074

第4课　洞察消费市场，有钱也要花在刀刃上

扒一扒，定价中那些"玄机"·································081

"明星同款"背后的经济学原理·································085

你适合超前消费吗···089

省下来的钱，也等同于赚钱·························094

"每天一款特价菜"的意义何在·····················097

第5课　掌握投资法则，规避资产风险

投资，收益与风险并存·····························103

给自己的人身财产安全加上一份保险···············107

那些与我们资产相关的金融产品·····················111

有一种方式叫低风险也赚钱·························115

"鸡蛋"到底放不放在同一"篮子"里···············117

如何做到"涨也赚钱，跌也赚钱"···················123

你的财富滚雪球了吗·······························127

第6课　经济大调整时代，企业如何立于不败之地

创业本质是一种"投机"行为·······················135

成本优势下，才能实现利益最大化···················138

该生产多少，你心里有准数吗·······················142

钱"入水了"，撤为上策····························145

兼并与收购，没你想的那样简单·····················149

蚊子再小也是肉，"薄利"助力"多销"··············154

第7课　商场博弈的秘密：决战来得悄无声息

一切交易，必须在规则下进行 ················· 163

你的产品，到底能够活多久 ·················· 167

想当寡头，可没有那么容易 ·················· 172

有一种盈利，叫规模利益 ···················· 177

博弈——企业在商场上的生存通道 ············· 185

第8课　当危机如约而至，我们应该亮出何种招式

投机者的惯用操作——热钱涌入 ··············· 191

那些看起来很美却暗藏危机的泡沫 ············· 195

华尔街起"风灾"，全世界都受害 ·············· 199

通货膨胀到底是在闹哪样 ···················· 202

经济周期——绕不开的经济怪圈 ··············· 207

令人恐惧的经济大萧条 ······················ 210

节俭怎么还有错了 ·························· 213

第1课 如果不懂经济变现，财富价值如何体现

微软公司创始人比尔·盖茨曾经说过这样一句话："一个人只有当他用好了他的每一分钱，他才能做到事业有成，生活幸福。"假如我们没有掌握一定的日常经济知识，不懂得运用事情背后的经济规律，就会在许多简单的经济学问题面前一筹莫展，更不用说实现经济变现了。

第 1 课 如果不懂经济变现，财富价值如何体现

人的经济前景，取决于经济思维

提到经济学，不少人可能觉得既熟悉又陌生。熟悉是因为身边的很多事情都符合经济学原理，可以说经济学在我们身边无处不在；陌生是因为很多时候我们并不知道影响事情发展的具体是怎样的经济学原理。因此，学习经济学既有助于我们更加透彻地看待事物，也有助于我们更加明晰地了解事情发展的规律。

如今这个时代是信息时代，也是知识经济时代，如果我们留意总结就会发现：人与人在财富上的差别，主要是在于头脑上的差别，是否有经济头脑，决定着一个人的"钱途"。石油大王洛克菲勒曾经指着自己的大脑说："即使把我的衣服脱光，再放到没有人烟的沙漠中，只要有一个商队经过，我又会成为百万富翁。因为，我有这个。"所以，要想有"钱途"，就要让自己的头脑建立起经济意识。

改革开放之后，中国曾经流行过这样一句话："中国遍地是黄金，想怎么赚就怎么赚，就看有没有经济头脑。"在如今这个市场经济的时代，用头脑赚钱显然要比用体力赚钱容易得多，生活中的我们，如果能掌握经济学的奥秘，那么你的"钱途"就会很快到来。

在最早的"打工潮"时期，有两个农村的年轻人外出打工，一个准备去深圳，另一个准备去北京。他俩是在候车厅等车时认识的，他们在候车室听人议论说，深圳就像个大市场，什么生意都有，外地人问路都收费；而北京就像个大家庭，人们见到穷苦的陌生人，不仅给馒头吃，还送给旧衣服穿。

这两个人听了之后，开始在心里打起了小九九。准备去深圳的人想，还是北京好，挣不到钱也饿不死；而原本打算去北京的人想，还是深圳好，给人带路都能挣钱，还有什么不能挣钱的。旁人的议论让他俩都改变了主意，聊了一阵之后，他俩决心交换车票，想去深圳的去了北京，打算去北京的则直奔深圳。

去了北京的那个人发现，北京果然好。他初到北京的一个月，没找到工作，一分钱的收入都没有，也没有饿着，总有好心人"赞助"他馒头包子啥的，渴了还可以去银行大厅里白喝水。后来有个餐馆老板收留了他，管吃管住每个月还有几百块钱的工资，他觉得日子过得滋润极了。

去深圳的人则发现，深圳果然是一个遍地黄金的城市。只要你愿意，什么都可以赚钱：发传单可以赚钱，帮人看摊位可以赚钱，就连给人擦皮鞋也可以赚钱！头一个月，他靠着打零工熬了下来，不仅解决了温饱，还攒下了几百块钱。

有一天，他帮人拉货的时候经过一处海滩，看到很多人在那里玩。他看到有些孩子，突然想到一个赚钱的法子。他回去找了一些材料，动手做了七八个风筝，拿到海滩上叫卖。没想到，一会儿工夫就卖光了，而且一个风筝能卖四五十元。小试身手，就轻松赚到了几百元，这激励起了他的创业雄心和信心。

说干就干，他开始从老家买来风筝，老家的风筝制作精美，比他自己做的高了好几个档次，很快得到了人们的欢迎，他的生意越来越好。不久后，他在深圳拥有了一家批发风筝的公司，但他并没有满足，还是在不断寻觅商机，也在不断地增加自己的财富。现在他每年都有上百万元的收入。

而去北京的那个人，每天从凌晨起床干到深夜，餐馆中里里外外的杂活他全包了，工资也就是"饿不死吃不饱"的水准，更不要说有所积累了。

经济头脑才是最宝贵的金矿，只有具备了一定的经济学知识，掌握了一定的经济学原理，才能实现大好"钱途"。即使你现在一无所有，只要你善于把握形势，抓住知识经济时代的机遇，那么在不远的将来，你也能拥有自己的大好"钱途"。

对于我们每一个人来说，最宝贵的不是有限的存款，也不是强健的身体，而是一颗智慧的头脑。一个人的经济意识，是赚钱致富的基本条件。现代社会是知识经济时代，市场经济下，资金已经不是唯一的致富条件，体力也不是产生效益的唯一因素，一个人若单单凭借"体力"去挣钱，充其量只能维持基本的生存保障，达不到致富的目的。要想赢得大好"钱途"，不妨多了解一些经济学上的原理和规律，用经济知识来武装自己的头脑。

计划经济，你做到了吗

2019年6月19日，一年一度的"618年中购物节"落下了帷幕。经过统计，京东618累计下单金额达2015亿元，其中，京东超市共售出牛奶3.5亿盒，奶粉累计销量超过1000万罐，纸巾共售出1200万箱，啤酒累计销量7200万听。此外，据电商天猫官方数据，2019年618大促，上百个国内外品牌成交额超过2018年"双11"，最高增长超40倍，超过110家品牌成交过亿。数据表明，仅仅第一个小时，天猫总成交额就达到去年同期全天业绩。除此之外，拼多多618总订单数突破10.8亿笔；苏宁618全渠道订单量同比增长133%；其他还有数十个大小知名网络电商都斩获了不俗的销售业绩。

如今，类似"618年中购物节""双11购物节"这样的消费刺激手段层出不穷，其中蕴含了大量经济学原理，如需求价格理论，经济博弈理论等。作为普通消费者，我们在享受疯狂买买买的快感之余，也要意识到这狂欢背后所带来的负面因素。比如因为这一次的狂欢，可能换来好几个月的负债，消费是一时兴起，还债可是日久天长。漫漫还债路，有苦说不出，悔不该当初的疯狂消费。这也是许多人在购物节之后大喊要"剁手"的原因所在。

那么，为什么会有如此多的非理性消费呢？

张丽从事传媒行业，2017年她在法国戛纳参加国际创意节，离开戛纳的前一天晚上，他们一行几人得到消息：某奢侈品牌的大衣在搞促销，一件只需要800欧元，价格不到国内的一半。

这个消息让张丽和几位同事立刻有了购买冲动。第二天早上八点半，她就和一个女同事冲到该品牌专卖店，打算购买两件大衣。可是她们到了店门口才发现，专卖店要十点才开门营业，而她们出发去机场的时间也是十点，来不及了！

最终，张丽和同事没有买到大衣，她们当时感到十分遗憾，感觉错过了一个绝好的机会。但是，回国后过了一段时间，她们回想起此事，觉得十分有趣，因为事实上，她们完全没有购买大衣的需要，当时冲动的消费欲望仅仅是因为其价格便宜。张丽也庆幸自己幸亏没有赶上那家店开门，否则就要花上800欧元买回来一件不需要的衣服了。

很显然，很多时候非理性消费的原因就是：东西便宜，为了降价而买。这也是大多数人经常犯的非理性消费错误之一，不管自己用不用得上这件商品，只要看到商品价格打折，立刻就觉得机会来了，如果不买就会觉得自己错过了良机，因此立即掏钱购买，买回来后才发觉自己根本用不上。

此外，还有一种心态就是，只要逛商店，就不只是买缺的东西，顺便还会多买些其他商品。如今有了电商平台，更是不用去商店逛就可以看到形形色色的商品，这些商品华丽精美，描述更是令人心动。往往在浏览的时候就会想："这么精美无比的商品自己不买一件岂不是不懂欣赏？"在这样的心态下犹豫再三，最终选择了付款。其结果就是：不知不觉买了好多没用的东西，虽然漂亮精美，可是没有太大的实用性，只觉得是鸡肋，丢之可惜，食之无味，所以一直扔在那里"吃灰"，尘封了好多年，最终被遗忘。

这里我们不妨来了解一个经济学概念，叫作"理性经济人"，即假设每个人作为经济决策的主体都是充满理智的，既不会感情用事，也不会盲从，而是精于判断和计算，其行为是完全理性的。在经济活动中，主体所追求的唯一目标是自身经济利益的最优化，作为消费者追求的是满足程度的最大化，作为生产者追求的是利润最大化，符合这一条件的就可以称之为理性经济人。

然而事实上，几乎所有人的经济行为都很难完全做到"理性"，很多学者也已经意识到，经济学理论的前提存在缺陷，人的选择很难做到最优化，会受到各种因素的影响。

法国著名的哲学家丹尼斯·狄德罗曾经遇到过这样一件事情：有位朋友赠给他一件精致华美的睡袍，他感到非常开心。这样的新睡衣,当然得在家里穿。可是,当天晚上,他在自己的房间里走来走去的时候,突然觉得地板与自己的新衣服不相称。接着,他又发现,四周的旧家具与自己的衣服也不相衬。

最终的结果是:丹尼斯·狄德罗决定把房间里的所有家具都换一遍。在没有得到这件袍子之前,他对家中的家具感到很满意;得到新袍子后,为了满足与新袍子相匹配的欲望,他不得不付出巨大的精力和金钱。

对于那些在诸多购物节大促销之类的活动中疯狂购物的人们来说,这个事例看上去是不是很熟悉?因为领了红包和优惠券,就搜肠刮肚非要找到商品把它们用出去,不然就会觉得吃了大亏;本来要买300块钱的东西,突然看到有满减活动,马上又觉得不多买点凑够数额就又吃了大亏……到最后,原本打算花300的结果花了600,打算花1000的结果花了2000,结账的时候满心欢喜觉得捡了大便宜,事后左思右想总觉得不对劲……

2017年的诺贝尔经济学奖获得者、美国经济学家理查德·塞勒指出:经济个体在做决策时,往往会违背一些简单的经济运算法则,从而做出许多非理性的消费行为。这也可以解释,为什么股民在熊市可以长期持股不卖出,而在牛市却总是忍不住出手。因为牛市和熊市时,人们对于账户的实际价值感受是有偏差的。牛市时,我们更希望多卖出多赚钱,这个时候股票的价值在人们心中是大于真实价值的;而熊市时,人们总是觉得卖出就是亏损,即便是股市在跌,只要我不卖,好像就会损失得少一些一样,这时股票的价值在人们心中是小于真实价值的,这就是非理性经济行为的典型表现。

总而言之,无论是购物节的大抢购,还是股市中对于股票真实价值的理解偏差,都属于经济学范畴内"理性经济人"的概念和讨论范围。作为普通人,应该要掌握这一经济概念,并且在日常生活中用来指导自己的经济行为。

所谓价值,应该怎样来计算

什么是价值?这是个既简单又抽象的问题。比如给你一块铁,让你把它变成钱,你会怎么做呢?如果你把它当废品卖掉,它就是废品的价钱;如果你把它制成一件普通的铁器,它的价值就会翻番;但是如果你能让它成为一件名家手中的艺术品,那么它的价值就会变成几十倍。同样一块铁,本质没有变,是经济学的智慧让它的价值变了。

从经济学的观点而言,价值本身是一个复杂又重要的概念,他不是恒定的,而是相对的,在不同的外部环境和主观因素下有着不同的呈现。我们不妨用一个小故事来理解一下价值的概念。

古时候,有个商人在海上遇到风暴,搁浅在一座小岛上,所带的商品几乎都被吹落到海里,只剩下两包大蒜,岛上的土著居民跟外界从无来往,头一回见到大蒜,觉得简直是人间美味,于是拿来两颗岛上珍贵的红宝石送给商人作为交换。商人随后被船队搭救,回到家乡之后,卖掉宝石,得了一大笔巨款,轰动一时。

当地的一个财主听闻这件事情之后,千方百计托关系送礼找到这位商人打听岛上的情形,得知岛上土著还是茹毛饮血从未吃过任何调味料,他大喜过望,购买了一大批香料作料,又请了有经验的渔民向导,找到了这座小岛。岛上土著见到琳琅满目的作料,品尝之后大喜过望,决定要重重感谢这个财主,他们经过商议,把岛上最珍贵的东西——仅剩的一包大蒜送给财主作为交换……

我们完全可以想象财主拿到那包大蒜之后的感受:整个人都不好了。

在土著眼里,两包大蒜与两颗红宝石的价值是相等的,而一船的作料又与一包大蒜的价值相等,很显然,他们的价值体系与商人和财主所在社会的价值体系是完全不同的,这是价值概念抽象之处的直接体现。

那么,究竟应该如何去衡量事物的"价值"呢?为了搞清楚价值概念,经济学家们绞尽脑汁各出奇招来构建理论体系,逐渐形成了目前经济学领域的三大价值体系——马克思劳动价值理论、新古典均衡价值理论和斯拉法价值理论。

马克思劳动价值论认为，在市场中需要交换的所有劳动产品都耗费了人类劳动，因此产品中凝结的劳动量的多少就成为不同商品生产者之间进行商品交换的合理依据或尺度。以生产商品的平均劳动耗费——价值作为商品交换的依据，可以起到优胜劣汰的作用，从而促进资源的最优配置。在这一基础上马克思劳动价值论提出了"剩余价值"的概念，并进一步成为马克思经济理论的基础。

新古典均衡价值理论是由英国经济学家阿尔弗雷德·马歇尔提出的，他认为，在其他条件不变的情况下，商品价值是由商品的供求状况决定的，是由商品的均衡价格衡量的。即：在短期里，需求是影响价格的决定性因素；而在长期里，供给或生产成本是影响价格的决定因素。

在阿尔弗雷德·马歇尔的经济著作中，他阐述了均衡价格论，把传统的生产费用论、供求论同边际效用论结合在一起，提出需求价格、需求规律、需求曲线、供给价格、供给规律、供给曲线、边际效用、边际生产成本、消费者剩余等概念，分析了均衡价格的短期均衡和长期均衡。在"价值"问题上，否定劳动价值理论是其主要内容之一。

斯拉法价值理论的代表人物是斯拉法。斯拉法认为，商品价格是由生产投入、产出关系和劳资分配关系决定的。从学术渊源上讲，斯拉法价值理论体系来自马克思的生产价格理论。实质上，斯拉法价格体系研究的是完整的价值价格理论中的第三个层次，即"交换价值或价格直接基础"的特殊形式"生产价格"的精确值计算问题。

在斯拉法的理论中,他重点的讨论偏重于"价格"而非"价值",在他眼中,"价值"主要体现在一种商品交换另一种商品的比例关系,最终体现在"价格"上,而这个比例关系则取决于商品生产过程中的技术与物质条件。

关于"价值"的概念,不同学派经济学家有着各自不同的详细阐述,可以说在经济学家的眼中,"价值"从不同的角度看上去有着不同的概念和意义,但无论从哪个角度去阐述,"价值"二字终归脱不开劳动和供求关系的框架。了解不同学派的价值理论知识,有助于我们进一步了解经济学的基础。

为什么一边求职难,一边用工荒

春节刚过,东部沿海地区不少企业就一改往年坐等打工者求职的方式,不惜千里迢迢跑到中西部去招募工人,然而即便付出了如此诚意,不少企业主忙活半天,却仍招不到几个工人……而在许多大城市中,大批应届大学生、研究生也是春节一过,就揣着精心制作的个人简历直奔人才招聘会,结果呢,成功如愿者同样寥寥无几。

这样的情形并非偶然,而是近年来招聘求职领域经常出现的情况，一边是大批企业因为招不到人而叫苦连天，一边却是大学毕业生仍然就业艰难。很多人抱怨现在就业形势严峻，找工作很困难，找一个合适的工作更难；而另一边，许多企业却出现了因招不到员工被迫停产或者减少订单等问题。那么一边是用工荒招不到员工，另一边是工作岗位少找不到工作，到底问题出在哪里呢？

其实，许多行业出现的求职难和用工荒，本质上与中国经济处于一个大的经济转型变革周期有关系。市场竞争越来越激烈，一方面，许多企业的经营管理跟不上时代的变化，经营管理不善，企业员工流动性增大，员工不稳定，所以一些企业一年到头都在招工。另一方面，如今的年轻人比上一辈更加有知识、有个性，他们有着更多的想法和打算，为了更好的工作环境、待遇、生活，更加有发展机会的工作岗位，他们辞职和求职的频率急剧上升，只是为了找到一个更加理想适合的工作机会，这两方面本身就是一个非常尖锐的矛盾。

除此之外，如今中国人口老龄化和劳动力人口的减少进一步加剧了用工荒，但国内目前很多劳动密集型企业的用工荒问题也并非完全是因为劳动力人口的减少而造成。随着现代化进程的不断推进和国内经济改革的推进，单纯的人力劳动型企业已经逐步跟不上时代的发展，人工成本的逐年增加和企业效益的低下就形成了很大的矛盾，一边是企业给不了较高的薪水待遇，另一边是求职者想找到更高薪水和待遇，所以就形成了用工荒和求职难的问题。

第1课 如果不懂经济变现，财富价值如何体现

因此求职难和用工荒这个矛盾的根源就是：新一代的农民工、打工者比老一辈不断提升的知识、见识、期望与企业老板、管理者相对落后的知识、管理和投入之间的矛盾。有许多企业老板、管理者的知识和思想跟不上时代的变化。他们只是在用一些脱离时代、老旧的经营管理经验在管理经营企业，因此就很难留住如今的年轻人。

小林是位汽车美容行业的油漆工，他记得2008年刚入行时，普通油漆工的工资是每月3000元左右。他清楚地记得，当时从事汽车喷漆，一个面的油漆收费大概是400元左右，如今10年过去了，许多普通汽车油漆店的收费标准还是400元左右，加上如今许多电商平台的折扣和优惠，实际收费可能就更低了。

但是现在，在同一地区，一个普通油漆工的工资已经上涨到了每月6000元左右。也就是说，10年过去了，汽车美容店的店面房租一直在上涨，材料成本也在不停地上涨，而且员工工资上涨了一倍，但该地区许多油漆店的收费标准居然10年没涨过，甚至还有降低。在这样的情况下，汽车美容店的盈利也要提升两倍左右才可能抵消这10年来店面整体运营成本的上涨，可实际上盈利根本没有这么大的提升。

因此从事汽车美容行业要想生存赚钱的话，唯一的方法就是：偷工减料降低成本，或者是减少工人收入节约成本。在这样的情况下，老板招不到工人，求职者嫌工作累待遇低

不肯来，看起来就是顺理成章的事情了……

总而言之，现在的社会不缺少就业岗位，也不缺少劳动力，缺少的只是彼此之间的期待和信任。作为一家企业如果为自己利益着想的同时也多为员工着想，给予员工更多的人文关怀以及更好的福利待遇，那么我相信这样的企业不会招不到好的员工。当然作为一名求职者也不能一味地只看眼前的工资待遇，更应该关注企业的发展和未来，在工作过程中能把企业未来当成自己的未来一样去努力，那么这样的员工也不会存在就业难的问题。所以，用工荒和求职难并不存在矛盾，矛盾的只是一些"短视"企业和自我认知不清的求职者。

养成投资的日常习惯

许多人都有"一夜暴富"的投资梦，然而事实上，想利用投资瞬间赚得千万身家几乎等于做梦。尽管如此，投资却可以让我们在循序渐进的过程中，永远不为没有钱而发愁，它是我们保值增值的手段，是我们生活中绝对不能不去做的一件事情。当我们在不断学习的过程中养成了正确的投资习惯，就必然可以从点滴小事中挤出财富，拥有更美好完善的财富人生。

如何积累财富？想必许多人都思考过这个问题。投资时，首先想到的当然是如何去寻找投资回报高的项目以及有潜力的股票基金，或者是运作资金的周密计划，但是除了这些，日常生活中的习惯细节也是值得重视的，古人云："泰山不让土壤，故能成其大；河海不择细流，故能就其深。"我们的投资生活同样要重视细节，正是这些看起来微不足道的细节和习惯，构成了一个人善于投资的特质。

首先我们必须明白：如果没有持续的、有条理的、准确的记录，投资计划是不可能实现的。因此，在开始投资计划之初，详细记录自己的收支状况是十分必要的。一份好的记录可以让我们受益匪浅，这种习惯的好处在于：第一，可以让我们更加清晰地衡量所处的经济地位——这是制定一份合理的投资计划的基础；第二，可以有效改变现在的投资行为，促使我们重视日常投资；第三，可以让我们衡量接近目标所取得的进步。特别需要注意的是，做好财务记录，还必须建立一个档案，这样就可以知道自己的收入情况、净资产、花销以及负债情况。

其次，一定要充分了解自己的价值观，可以确立经济目标，使之清楚、明确、真实并具有一定的可行性。缺少了明确的目标和方向，便无法做出正确的预算；没有足够的理由约束自己，也就不能达到你所期望的2年、20年甚至是40年后的投资目标。

除此之外，我们还要学会确定自己的净资产，一旦经济记录做好了，那么算出净资产就很容易了——这也是大多数投资专家计算财富的方式。为什么一定要算出净资产呢？因为只有清楚每年的净资产，才会掌握自己又朝目标前进了多少。

其实,我们的财富目标并不是依靠大笔的投入才能实现。削减开支,节省每一块钱,因为即使很小数目的投资,也可能会带来不小的财富,例如:每个月都多存100元钱,结果如何呢?如果24岁时就开始投资,并且可以拿到10%的年利润,34岁时,就有了20000元钱。投资时间越长,复利的作用就越明显。随着时间的推移,储蓄和投资带来的利润更是显而易见。所以开始得越早,存得越多,利润就越是成倍增。

在中国,由于投资兴起时间并不算太久,不少投资者在投资上过于急功近利,总想着靠投资赚大钱。殊不知,任何投资风险与回报都是成正比的,想要高收益自然要冒高风险,而选择低风险的投资,期望值过高同样不理性,养成持之以恒、积少成多的投资习惯较为理性。如今,许多职场中人不但没有储蓄、节省、存钱这些好习惯,反倒养成了拖欠信用卡债务的不良习惯,结果,人生不是从零开始,而是从负数开始。

王慧参加工作已有三年,作为一位出入高档写字楼的高级白领,每月收入能达到8000元以上,但这份在别人看来不低的薪水,对她来说却是不够花,"月光"是常有的事。"每逢月中发工资后,转眼钱包便瘦了下去:给父母1500元伙食费,3000元左右的信用卡账,再加上交通费、电话费等零花钱,8000元只少不多。有时遇到朋友结婚、生子随份子,还要找父母借钱解围。"每每谈起,这位朋友也深知每月信用卡欠账过多,但却难以压缩开支。王慧常常向朋友感叹，说现在钱真是太不经花了，今后确实应该减少花销，得为未来组建家庭积累点资金了。

其实，投资不仅是投资，更是循序渐进地培养"赚钱、存钱、省钱、钱滚钱"的习惯，这些习惯能让你拥有滚滚财源。与那些月收入并不低却依然"月光"的人所不同的是，有些人虽然收入不高，但通过精打细算，依然能让生活多姿多彩。精打细算的消费理念就是：该花的毫不吝啬，不该花的尽量节省。比如，每隔一段时间，去参加职业技能培训，虽然要缴纳一笔培训费，但通过专业培训，能有效提高自己的工作能力，这笔钱就不该省；对于像衣服、电子产品，我们更应该多从实用角度出发，例如目前很多朋友都换了四五千元的手机，每月话费也在200元左右，但其实普通智能手机、百元以内的资费套餐，也足够满足平时的通信需求。

此外在投资方面，积极投资不可少，消费不注重规划同样让你无财可理。在投资专家看来，对每月的薪水应该好好计划一番，哪些地方需要支出，哪些地方需要节省，都应有科学的规划，这样可以帮助你克服大手大脚的消费习惯。

对于那些鲜有本职工作之外收入的职场中人来说，一定要把提高工作收入列为最重要的目标。随着薪水的不断增加，你才可能快速累积起可供投资的"第一桶金"。其次，定期存钱不可缺少。无论是靠工作赚钱还是靠"钱生钱"，持续储蓄的习惯绝不能废弃。储蓄金额一定要随着收入的增加等比例提高。最好的

"自动储蓄方法"就是定期定额投资。除了审视花费外，人们还应取消长期不用的"休眠账户"，这些账户里的余额，最好都集中起来，注销不常用的银行账户，避免被小额存款的年费或者季度费用蚕食，这些日常生活中关于投资的细节都不容忽视。

关于日常生活中的投资习惯，有人曾经总结过如下几个建议：

第一，先付钱给自己。每到发薪时便叮嘱自己划出15%～25%的钱用于购买投资基金。要记住将付给自己未来的钱列入月度固定支出项目内。

第二，记下开支情况。记录自己的开支有助于你了解个人或家庭的重要花费，明确生活的底线与目标。

第三，只留下一张信用卡。你持有的信用卡越多，你花钱的机会和欲望也就越大，积攒的透支款也越多。

第四，避免盲目购物。控制盲目购物的唯一办法就是让你的购买行为变得复杂起来。建议你培养其他消遣方式，如看书、聊天、运动等等。

第五，延长物品的使用寿命。学会用心爱护你的衣物，努力延长它们的使用寿命，这可以帮你省下不少钱来。

第六，将意外之财存起来。对于非预期的一笔金钱，如股利、奖金等意外之财应该用于为退休生活而储蓄、投资的项目上，尽量发挥更加长远的投资意义。

第七，利息和股利再投资。银行储蓄是单利，而将投资分红自动滚入再投资的话，你便可以享受复利效应，除本金生利息外，利息还会滚利。

　　总结出来的这些细节虽然琐碎，但是日常的投资习惯本来就是与烦琐的日常生活融为一体的，也正是因为这个原因，它才会被许多人所忽略。如果我们能够在日常生活中培养自己良好的投资习惯，就会在潜移默化之中强化自己对于投资的重视。毕竟再大的雪球，也是一点一点滚起来的，对于每一位想要通过投资积累财富的朋友来说，重视细节，重视日常习惯，都是在提升我们经济变现的能力，可以大大增加我们财富雪球的增长速度。

让手中的钱"流动"起来

　　由于同学多年未见，相邀参加一个聚会，你发现很多年前，那个你们都不看好的人早已经跻身千万富翁的行列，而且这次聚会的费用，没让其他同学出一分钱，都是他个人全包了……

　　身边的有钱人越来越多，自己的财务自由却遥遥无期，每天兢兢业业地工作，也很少花钱，将多余的钱都存进了银行，可还是不够用。而身边的有钱人却越来越多，物价也越来越高……

　　生活中，我们常常会有这样的困惑：即使你每天都努力奋斗，每个月都认真存钱，但还是觉得钱不够用，还是很穷，这究竟怎么回事呢？我们很多人都知道靠存钱来增值，从来没想过，即便你存再多的钱，社会上的物价一直上涨的话，你的钱不仅没有增值，反而会越来越少。所以想要让存起来的钱增值，最好的办法便是让钱流动起来。

在有钱人的故事里，我们几乎天天都会看到，生财之道无外乎几种：有的是继承祖业，成为富翁；有的是靠天时地利和冒险精神，自己创业致富；有的是靠理财和投资，利用复利的威力让自己成为有钱人……

不论他们是怎么样致富的，我们可以发现一个规律，那就是他们的钱是流动着的，一直在增值。也就是说，如果你真的想要改善自己的财富状况，你不应该只是将钱存进银行，而是要让你的钱流动起来，让钱生钱，才可能致富。

世界上的很多人都知道怎么去赚钱，但却不知道怎么实现经济变现和财务自由。其实最应该做的，首先就是真正去认识钱，认识钱之后，钱才能被你运转起来，通过增值让你富裕。因为钱本身其实是没有任何价值的，只有在流动的时候，才会体现出它的价值，也就是说，你必须要将你的钱去买等价的东西，为你创造价值，才能体现出钱的价值，否则钱就跟餐厅里的面巾纸没有任何区别。

培根说："钱财是有翅膀的，有时它自己会飞去，有时你必须放它出去飞，好招引更多的钱来。"真正财务自由的人，他们都懂得越是将钱流通在社会上，财富增值就来得越快。而如果你挣了钱，觉得自己的钱得来不易，要存起来不外流，其实这是错误的，你并没有让你的钱升值，或者说钱生钱。

第1课 如果不懂经济变现，财富价值如何体现

1980年，19岁的戴尔还在上大学的时候，靠自己倒卖电脑配件赚到了1000美元。他在日记中写道，要用这1000美元做以下三件事：

第一件事：举办一次不为世人所知的酒会；

第二件事：买一辆二手福特轿车；

第三件事：成立一家电脑销售公司。

第二天，戴尔就用这1000美元注册了一家电脑销售公司，以代销IBM(国际商业机器公司)电脑的配件为主业。一年后，他开始组装电脑，并推出了自己特有的品牌。由于可以采购世界上各家电脑公司的配件，使各个档次的用户都能得到满足，很快戴尔电脑便成为当时最热销的品牌。如今，戴尔电脑的销售额、利润额名列全球前十名。

戴尔并没有像其他人一样，将所挣得的1000美元存起来，不流动，而是将这1000美元在市场上流动起来，经过他的善巧应用，使得1000美元增值，很快戴尔便成为"福布斯财富榜"上的超级有钱人。而如果他不让他那1000美元流动起来，像大多数上班族一样，一发薪水就把钱存进银行，今天我们很可能就不知道戴尔这个人和他的品牌。

我们要明白，钱是具有流动性的，只有在流动中它才能增值。金钱只是一个工具或代用品，金钱的价值和意义也是随时在变化的，而且是无形的。很多人只看到金钱是用来改变生活的，如果自己不存起来，那么就应该就把它花掉。也许有人说，我每

天都在花钱，难道不是流动吗？其实那也算流动，但那并不能使我们的钱增值，反而使我们失去了金钱。也就是说，我们想让钱流动起来的目的是为了让钱增值，而不是简单地花掉。否则，长此以往的话，我们会慢慢丧失让钱增值的意识，即使机会来临，也将错过获取财富的机会。

《穷爸爸，富爸爸》作者罗伯特·清崎在书中写道：如果从孩子出生的那天开始，家长每个月都为孩子存下100美元，然后将这笔钱进行投资。以每年16%的盈利来计算，如果存了74年，那么这笔钱将增至100万美元。

想要获取更多财富，就必须要让钱流动起来增值。很多上班族多余的收入就是存在了银行，然后什么也不去做。其实这并没有错，问题是他没有将钱进行投资或者合理运用，因为钱存在银行，所得到的利息远远不能满足你改善财务状况的需求。而很多大富豪一开始也是从储蓄做起，只是他们善于将部分收入变成能为自己赚钱的资产，然后由此得到额外的收入来供生活所需。而我们大部分人，是直接用自己的收入来购买东西，没钱了就从存款里取，从来不懂得让钱流动起来去增值，所以财产得不到大幅度的提高，一直处于穷人的行列。

那么，究竟该如何让钱流动起来，达到增值的目的呢？

第一，用合适的储蓄手段实现经济变现。

我们都是普通的上班族，将工资收入除去固定支出，剩余的部分存进银行，按照最适合自己情况的活期或定期来储蓄。你不一定要成为一位财务专家，但你需要了解这个体系是如何运作的。知识可以赋予你自由，而且如果你能够将知识运用自如的话，知识还能赋予你财富。

第二，善用投资手段增加收入。

永远都不要低估投资的力量，无论你是从多小的数目开始存起，复利可以让这些小钱由于投资而流动起来，从而增值变成大钱，这样就能给你提供更加舒适的生活，而你也不用再为钱而担忧。靠上班挣钱的人，往往误认为自己没有机会进行任何形式的投资。其实越早投资，带来财富的机会就越靠前。

早在古代，哲人就已经开始告诫人们："过度储蓄和过度消费一样，都是一种浪费，闲置的财富实际上就是没有财富。"即使你的薪水低，但只要将你的钱流动增值起来，一定可以让你过上美好的生活。所以要善于理财，进行投资为自己创造丰裕的生活，也尽快加入富翁的行列。

有些人总是对钱担心过多，于是将他们的钱储存起来。如此除了阻断流通，事实上一点好处都没有。只有将你手里的钱流通于市场，才会有机会使其增值，而储存起来不仅不一定增值，反而更容易贬值。而如果你每次用钱都让钱能够增值，那么你用出去的钱，过一段时间，就会加倍地再回来。

第 2 课 经济学看似高远，其实与生活"骨肉相连"

经济学并非是专业课堂上枯燥的知识点，而是潜移默化中渗透到了生活的点点滴滴之中。小到日常的薪水福利以及投资购物，大到国家民众的贫富差距、社会福利，都与经济学有着千丝万缕的联系。弄懂这些联系，有助于我们更加透彻地了解这个社会的经济行为。

第 2 课 经济学看似高远，其实与生活"骨肉相连"

多数财富为什么总是掌握在少数人手中

19世纪末20世纪初，意大利经济学家巴莱多宣称自己发现了财富的规律。在这个世界上有这样两种人，第一种占了80%，拥有20%的财富；第二种只占20%，却掌握80%的财富。简而言之就是：20%的人手里掌握着80%的财富。

这就是著名的"二八定律"，因为这个名称是巴莱多发明的，所以也叫巴莱多定律。这个定律被一再推而广之，比如，在投资上，大部分企业80%的利润来自它20%的项目；企业主要抓好20%的骨干力量的管理，再以20%的少数带动80%的多数员工，以提高企业效率；客户营销上，要抓住20%的重点商品与重点用户，渗透营销，牵一发而动全身等。

除此之外，这个"二八定律"还渗透在我们生活和工作的方方面面，在不知不觉中影响着财富在人们手中运转的规律，它也因此拥有一些更耐人寻味的名称，比如"关键少数法则""最省力法则"等。生活中，是不是总有那么一些人看似轻松，却获取了旁人难以企及的财富和成功？他们有可能就是运用了"二八定律"。

小李是朋友圈里大家公认的"劳模"，每天起早贪黑，忙得不得了,却并没有过上想象中"财务自由"的日子,每次聚会他都会在朋友面前自嘲说自己是"一天到晚瞎忙穷忙"。 如果你认为小李再勤奋一些,再忙碌一些就会好起来,那么不好意思,你已经走上了错误的方向。

我们身边有很多小李这样的人,并不是不勤奋,并不是不肯付出,而是因为他们做事情总是眉毛胡子一把抓,在各种无关重要的环节上花了大量时间,在真正重要的事情上并没有花费比别人更多的时间。

反观另一些人,好像并没有花太大力气就获得让人艳羡的成功,积累了别人难以企及的财富,这又如何解释呢?不是说天道酬勤吗?不是说付出越多收获越多吗?这些道理其实并没错,错的是有的人不了解"二八定律"在日常生活中所起到的作用。成功者往往只把注意力和精力放在那些能带来80%收益的关键少数事情上,因此他们看似只用了20%的付出,却得到了80%的回报。

这就好像那一幅名为《挖井》的漫画:一个人辛辛苦苦从早忙到晚,一天挖几十口井,这口井挖两下,那口井挖两下。另一个人同样挖井,他只选最可能出水的那口井,每天上午挖半天,下午用来休息和消遣。

这样的情形下,哪个人会最先挖出井水呢?很显然会是后者,虽然总体来看他不那么勤奋,但他专注于最重要的那件事。前者虽然付出更多的时间和努力,但这些力气分散到太多的事情上,到头来每一件事的进展和成就都非常有限。

第 2 课 经济学看似高远，其实与生活"骨肉相连"

对于财富而言，同样也是如此。如果你觉得做一件事的回报是一，那么做十件事的回报是十，当然做得越多越好，但事实上并非如此。就像大部分企业80%的利润来自它20%的项目一样，大多数人的财富积累也并非来自付出时间最多的项目。

就拿炒股票来说，有些人天天盯着大盘，买进卖出，追涨杀跌，忙得不亦乐乎，但我们都知道，这样的人通常是在股市里赔钱的那一部分。而另外一部分呢，平常很少看盘，也很少操作账户，只有当牛市行情确立的时候才进入市场。

在牛市行情下，大部分股票都会涨，因此他们的操作有很大概率会挣钱，这其实也符合我们所说的"二八定律"：80%的时间都不怎么涨，而20%的牛市时段会涨80%。天天盯着盘买进卖出的股民虽然也付出了，但因为没抓住那重点的20%，收益反而不好。

明白了这些，我们就会明白"二八定律"在潜移默化中影响着我们每一个人，影响着财富的积累和流动；也会明白为什么财富总是掌握在少数人手中。生活中有很多人之所以把精力分散到很多事情上，是因为他们觉得所有事情的回报是相同的，而事实上，我们只有学会去寻找规律、掌握规律、利用规律，才能够拥有更多的收获和财富。

是什么导致了贫富差距

贫富差距是人类社会和经济学上一个无法回避的问题，1912年，意大利经济学家基尼提出了"基尼系数"这个概念，用来衡量贫富差距的具体数据。

基尼根据洛伦茨曲线提出的判断分配平等程度的指标，设实际收入分配曲线和收入分配绝对平等曲线之间的面积为A，实际收入分配曲线右下方的面积为B，并以A除以（A+B）的商表示不平等程度。这个数值被称为基尼系数或称洛伦茨系数。如果A为零，基尼系数为零，表示收入分配完全平等；如果B为零，则系数为1，收入分配绝对不平等。收入分配越是趋向平等，洛伦茨曲线的弧度越小，基尼系数也越小；反之，收入分配越是趋向不平等，洛伦茨曲线的弧度越大，那么基尼系数也越大。

用比较贴近生活的语言来解释基尼系数就是：在全部居民收入中，用于进行不平均分配的那部分收入占总收入的百分比。基尼系数最大为1，最小为0。前者表示居民之间的收入分配绝对不平均，即100%的收入被一个单位的人全部占有了；而后者则表示居民之间的收入分配绝对平均，即人与人之间收入完全平等，没有任何差异。但这两种情况只是在理论上的绝对化形式，在实际生活中一般不会出现。因此，基尼系数的实际数值只能介于0～1

第2课 经济学看似高远，其实与生活"骨肉相连"

之间。

由于基尼系数给出了反映居民之间贫富差异程度的数量界线，可以较客观、直观地反映和监测居民之间的贫富差距，预报、预警和防止居民之间出现贫富两极分化，因此得到世界各国的广泛认同和普遍采用。

通常国际上将基尼系数0.4作为监控贫富差距的警戒线，应该说，是对许多国家实践经验的一种抽象与概括，具有一定的普遍意义。但是，各国、各地区的具体情况千差万别，居民的承受能力及社会价值观念都不尽相同，所以这种数量界限只能用作宏观调控的参照系，而不能成为发展经济的禁锢和教条。

自改革开放以来，我国在经济增长的同时，贫富差距也在逐步拉大。综合各类居民收入来看，基尼系数越过警戒线已是不争的事实。我国基尼系数已跨过0.4，2018年达到了0.474，突出表现在收入份额差距和城乡居民收入差距进一步拉大、东中西部地区居民收入差距过大、高低收入群体差距悬殊等方面。

根据我国社会发展的具体情况，我国对于基尼系数也有了进一步的细分，共计算三种基尼系数，即：农村居民基尼系数、城镇居民基尼系数和全国居民基尼系数。基尼系数0.4的国际警戒标准在我国基本适用。从我国的客观实际出发，在单独衡量农村居民内部或城镇居民内部的收入分配差距时，可以将各自的基尼系数警戒线定为0.4；而在衡量全国居民之间的收入分配差距时，可以将警戒线上限定为0.5，实际工作中按0.45操作。

投资是一门综合学科

对于我们，生活中有太多时间从事"重要但不紧急"的事情。例如，规划一家人的教育和休闲计划，平时可以多读书提高修养等。很多活动，尤其是自助旅行，需要花费大量的时间。把家务外包出去，不仅解放了家庭成员的时间，也给小时工带来收入。这种"把时间当作财富来投资"的观念在西方一些国家更加深入人心，在美国很多家庭都只做最基本的家务，而把有限的闲暇时间用来带孩子开阔眼界，在他们看来，把家务分包出去，是一种低投入高回报的多赢投资。

此外，日常生活中很多看起来貌似与钱并不相干的习惯，实际上都在潜移默化之中影响着我们的投资事业。比如日常生活中很重要的一环：人脉。我们都知道，一个人要想在事业上有所建树，固然要依靠自己的努力，但是，我们也知道，除了自己努力之外，还需要与他人的合作。一个人如果只知道单打独斗，不知道借助他人合作的力量，那么，他努力的成绩会相当有限并且缺少宝贵的友情和人脉。

李嘉诚说过一句话："如果利润10%是合理的，本来你可以拿到10%，但还是拿9%为上策，因为只有这样才会有后续的生意源源而来。"这句话对于我们的投资事业而言，也有着相当重要的

第2课 经济学看似高远,其实与生活"骨肉相连"

作用和启示。

在如今这个知识经济时代,竞争已经不再是关键词,取而代之的是合作、共荣、共赢等字眼。科学技术的迅速发展,使得行业分工呈现出越来越细的局面,专业化人才必须互相合作才能取得最大的效益。单兵作战的时代已经不适应现代社会与经济的发展,团队协作的合力更具有竞争力。对于一个企业而言,不能仅仅看重自己本身的能量,必须发挥团队的整体优势,要带领商业伙伴共同协作创造效益。只有共同繁荣才能使企业获得更大的成功。而对于我们的投资事业而言,很多时候也需要借助人脉的力量,借助团队合作的力量。

萧伯纳曾经说过,假如你有一个苹果,我有一个苹果,当我们交换之后每人仍然只有一个苹果;但是,如果你有一个思想,我有一个思想,当我们交换之后每人就会有两个思想。这就是一种合作共荣的心态和智慧。这种心态也可以称之为共赢心态,是一种基于互敬、寻求互惠的合作意向,目的是更多的机会、财富及资源,而并非抢夺资源式的敌对式竞争。这样的人脉观念虽然并不直接与金钱挂钩,但是它却能够不知不觉地影响我们的投资理念以及投资观点,对于我们的投资事业有着重要的推动作用。

除了这些,很多日常生活中的因素都与我们的投资密切相关,比如对于信息的重视。我们身处日新月异的科技信息时代,一定要重视信息的收集和分析。如果我们不重视信息,很可能会被这个飞速发展的时代所淘汰。对于投资来说,收集相关的信息并加以分析是必备的技巧之一。

投资的信息分析，就是着重通过政治、经济、个别市场的外在和内在因素等各类信息对市场走势进行分析。具体涉及黄金供求、世界经济走势、各国货币政策、地缘政治及战争、相关市场动态、黄金储备等因素。投资者要从基本面上分析经济的走势，就要"眼观四路，耳听八方"，留意国际政治、经济形势、全球主要证券市场的变动情况等诸多因素，收集整理这些信息并进行分析。

比如，政治局势。政治动荡通常会有对黄金价格利好情况的出现，战争会使得物价上涨，令金价得到支撑。当然，现在的资讯业非常发达，投资者要获取信息非常便捷，目前国际上几大通讯社基本都有与经济以及投资相关的信息，国内的信息源也很丰富，投资者可以通过各类财经方面的网站和报刊及时获取信息。而基本面各种因素中最重要的是经济因素，各国的经济面是该国货币汇率波动最强大的原动力。而经济基本面的好坏主要是通过各项经济数据来体现的，因此，了解一些经济数据的知识并掌握判断数据好坏的方法，是学会基本分析的重要一步，对于我们的投资事业也有着至关重要的作用。

在法律层面上来说，我们在进行投资之前，是必须要学习了解一些基本的与投资相关的法律知识的，如今各行各业的法律规定越来越多、越来越完善，法律知识已经成为与我们的生活息息相关的知识。在进行投资的时候，多了解法律知识，首先可以避免一些投资方面的陷阱，避免因为缺乏对于法律知识的了解而造成投资失败。而在投资过程中，我们也要依靠法律来保证自己的投资安全,无论是在投资内容上还是在投资的资金运作过程中,都需要有法律知识来指导,这样才能最大限度地保证我们投资的安全性。

了解了以上这些,我们会发现,投资并不仅仅是"投入多少,赚到多少"那么简单,投资也是一门学问,而且是一门综合性学科,金钱在其中仅仅是一个环节而已。要想把投资这件事情做好,我们不仅仅要重视金钱和财富,更要重视其他许多方面。比如日常生活的习惯、时间观念、投资心态以及各方面知识的学习等,这些因素虽然表面上与财富无关,但是我们的财富却是实实在在由这些东西来决定的。

你有多少福利,你心里有数吗

员工福利是人力资源薪酬管理体系的重要组成部分,是国家和用人企业通过建立集体福利设施、设立各种补贴、提供服务等形式,为职工改善和提高生活质量所提供的物质帮助,也可以看做企业或其他组织以福利的形式提供给员工的报酬。具体可以分为法定福利、补充福利、弹性福利。

法定福利是政府通过立法,要求用人单位必须以向社会保险经办机构以缴纳税(费)的方式提供的具有强制性的社会保险项目,主要包括基本养老保险、社会医疗保险、失业保险、工伤保险、女职工生育保险等。

从经济层面来看，社会保险属于缴费性项目，它的规模、筹资方式可以影响储蓄率、就业率、社会风险和分散程序以及财政平衡等。社会保险津贴项目可以分为短期津贴项目和长期津贴项目。短期津贴项目的支付期限一般不超过一年，包括医疗保险津贴、失业保险津贴、疾病保险津贴、生育保险津贴和因工伤、职业病而给予的暂时丧失劳动能力津贴等。

从保障功能的层面来看，法定福利的作用主要体现为以下三点：

第一，法定福利作为一种保险最初起源于政府通过一定的社会组织抵御风险，对人力资源本身进行保护的一种需要。

经济领域的风险总是有差异性的，有些风险发生频率极高，具有普遍性特征，因此需要通过共同保险加以分散。此外，对于一些社会性风险，诸如通货膨胀、战争、大的地震、由于商业循环以及宏观的社会经济因素而引起的经济衰退进而导致的工人大量失业等，这些风险的影响范围甚广，发生概率不稳定，对商业性保险来说，它们属于不可保风险。

举例来说，政府征收累进的个人所得税、社会保险税、遗产税等，并将其用于收入再分配。本质上是在通过征税以分散社会性风险，而且还可以对社会保险支出进行价格指数化调整。这种行为从长远来看，能够使几代人共担风险，其益处不言自明。

第二，法定福利可以"烫平熨齐"员工家庭因生命周期和经济周期变化而导致的生活水平的起伏波动。

第三,实施收入再分配,对某些特殊人群的劳动能力实施保护。

而"补充福利"和"弹性福利"则是另一层次的职工福利,主要是用人单位或行业在没有政府立法要求的前提下,为增强自身的凝聚力,吸引更多高素质的劳动力和人才并鼓励他们在岗位上长期服务而主动提供的福利。

补充福利不是法律要求,而是体现企业人文关怀的、对职位给予的津贴性质的补充。补充福利可以是现金福利,也可以是物质福利。例如交通补贴、膳食补贴,或者健身卡、购物卡、生活用品等实物。

补充福利与法定福利项目及社会福利项目比较,具有以下特点:

一是用人单位福利是以业缘关系为标志的,只有在本单位就业的员工才能享受(有些福利项目员工家属也可享受)。

二是用人单位福利一般以普惠制方式向员工提供(某些企业或某些项目可能依据员工供职时间长短和贡献大小规定其享受待遇的高低差别)。

三是用人单位福利的资金来源于企业赢利,福利水平主要取决于企业的经济效益,在一定程度上反映企业的兴衰进退。

福利支出占劳动成本的比重亦逐年提高,这种高比重可归因于以下趋势:商业环境日趋严峻、工资成本不断提高、劳动力市场流动性加大以及工作价值的多元化等。补充福利操作起来比较简单,但有研究表明,补充福利已经有异化为"刚性福利"的隐忧——给习惯了之后，不给员工有意见，给了没有什么效果，而且企业给予的很多补充福利并不是员工真正想要的，好心办坏事，显然违背了企业的初衷。

以员工假期福利为例，企业需要关心的并不是员工休假的原因，而是休假的总天数。在一定的天数内，职工为了使自己精神上得到调节，或因为家庭需要而休假，都是可以理解并且应当得到满足的。

但是，当这些休假都以病假的名义出现时，往往会给企业的劳动安排带来很多麻烦，使管理人员感到"措手不及"。为了解决这个问题，一些企业开始试行取消病假制度，实行假日总数制。即在规定的假日总数内，不问职工休假的原因，一律照准。这样，员工知道自己或家庭有事，就可以名正言顺地提前请假，因为真正有病而休假的人是少数的。这种做法使员工因临时休假给劳动管理造成"措手不及"的情况大大减少。试行这种新的休假制度的企业还发现，由于休假的灵活性提高了，假日的总数实际上还可以有所减少，同时还能使员工感到高兴。

除此之外，近年来兴起的一种较为灵活的福利方式称为"弹性福利"，也可以叫作"菜单式福利"，其最大的优点是可以让员工在企业提供的福利项目中，依据自身达到的条件来选择自己喜好的某项福利，针对性极强，对人才的激励和保留效果很好。但是，弹性福利操作起来比较复杂，隐性成本很高，对人力资源部门专业性的要求较高，所以，国内大多数企业都无法实施弹性福利。

我们的必需品消费，处在什么水平

消费领域的"必需品"是指那些基本满足人们生活需求的商品，其范围为衣、食、住、行。可以分几类：随时要消耗的柴米油盐酱醋茶、日用品等；可以长期保有的衣物、家具等；可以使用的公共交通工具；可供置换临时租用的住所。这样，作为一个人的基本生活可以得到保障。很显然，房产、私家轿车、各类超出必需范畴的奢侈品不在此范围内。

然而随着经济的发展和时代的变迁，在满足了最基本的穿衣和温饱问题后，一些曾经被视为奢侈品的东西也会随着生活水平的提高，成为生活中的必需品。2019年年初，某网站通过对京东、阿里、拼多多等电商销售平台的大数据，用投票的方式了解了当今年轻人的消费观。

投票数据表明：随着消费观念变迁，如今的消费者们不再满足于简单的必需品，对于生活品质提出了更高的要求。尤其是90后和00后的年轻人，逐渐开始成为重要的消费群体，其从小生活在独立、优越和开放的家庭环境中，崇尚多元化消费方式，追求独立个性的消费。而购买力较强的70后和80后，则更愿意享受生活，追求多元化的乐趣。

在这种趋势下，生活消费品的地位会随着社会发展而改变。

昔日被视为"奢侈品"的多种消费品，如今已被多数人视为生活必需品，许多在过去被认为"可买可不买"的消费品数量，在过去10年间销售成倍增长。

比起上一代人，年轻一代更认可信息技术产品，如家用电脑、高速上网设备和智能手机等，他们认为这些产品和服务属于生活"必需"。调查发现，过去10年间，无论公众的观念如何改变，变化的总体趋势是，越来越多的人把更多产品视为必需品而非奢侈品。例如，10年前，只有很少一部分人认为空气净化器是必需品，而现在则有半数以上的人这样认为。

此外，近年来大大小小的网红店如雨后春笋般在饮食行业涌现，许多网红食品一夜爆红，让无数人为之排队购买。很显然，在消费这件事上，年轻一代所愿意耗费的金钱和耐心已经远超出上几代人。

调查还显示出一定的群体差异。例如，收入越高的群体，越有可能将产品视为必需品而非奢侈品。数据表明，关于商品是否为"必需品"，不同收入阶层的人群所持态度是不一样的，高收入人群眼中的"必需品"明显要更多，这一差异源于收入对于人们生活质量预期的影响。

在这个技术发展日新月异的时代，新产品改变了生活的组织形式。尚未普及的新产品通常会被当作奢侈品，而随着产品普及，新产品会在人们意识中逐渐成为必需品。我们不妨看看身边的朋友，他们大多数不仅渴望得到新产品，而且感觉非拥有不可，这就是消费文化对人们消费观念的深刻影响。

如今，人们对新产品和新技术的依赖性越来越强。智能手机就是这种消费观念渗入日常生活的一个例证。比如回顾手机刚发明的时代，普通人并不感觉特别需要，因为周围似乎没有需要用手机联系的人。但随着手机渗入人们的消费观念，它的用途也越来越多，尤其是智能化之后，人们对智能手机的依赖程度也就越来越强，智能手机也因此成了消费层面的"必需品"。

近年来，我国已进入消费需求持续增长、消费结构加快升级、消费拉动经济作用日益增强的发展阶段，零售消费呈现出从注重量向追求质的提升、从有形产品向更多服务消费等为主要内容的升级态势。

这种从"奢侈品"到"必需品"的变化，可以看作是人们生活水平提高的标志，同时从另一个侧面也反映出了现今流行的消费观念，即：生活越轻松越好。分析认为，从根本上看，人具有社会性，深受群体压力的影响。同时，人们还受到广告等消费文化的影响。起初，你想拥有某件产品，或许是因为其他人已拥有。从这个意义上说，这件产品是奢侈品，但你会逐渐对这件产品形成依赖，那时，奢侈品就成了必需品。

保障性住房,你可不可以申请

王培来到郑州已经有5个年头了,像所有外出打拼的年轻人一样,他也希望自己能够在上班的城市有一个属于自己的小窝,可是从2015年入职到现在,他不幸赶上了房价飞涨的大潮,虽然房地产市场在2018年和2019年已经冷却了许多,可王培银行余额增加的速度还是赶不上房价飞涨的速度,即便是远在四环以外的楼盘,首付也大大超出了他手中的积蓄,他为此而苦恼不已。

不过,这件事情如今迎来了转机,随着国家公租房政策的完善和落地,王培发现,像自己这样的年轻人在住房问题上看到了曙光,只要提供一定期限的社保缴纳证明,就可以申请政府新推出的公租房了!虽然公租住房产权不是归个人,而是归政府或公共机构,但是像王培这样的年轻人可以用低于市场价或者自己能够承受起的价格去申请,包括一些新的大学毕业生,还有一些从外地迁移到城市工作的群体,只要符合条件,都可以向所在地的政府部门申请公租房。

第 2 课 经济学看似高远，其实与生活"骨肉相连"

这样一来，王培再也不用因为租房的问题头疼了，而且也可以安心工作攒钱，为将来买房打好基础。更让他开心的是，公租房也可以以家庭为单位申请，这项着眼长远的政策使王培这样的年轻人吃了一颗"定心丸"。

在民众的住房政策上，世界各国有着各自不同的具体政策，但是总体而言，大多分为公屋或私屋。公屋即公共住房，是由政府买单的保障性住房，包括无偿提供土地和建设性费用，也包括无偿提供土地补贴费用等方式以及人头补贴或砖头补贴等。补贴中包括减免税费或贴息，当然也包括直接的财政转移支付，其意义在于政府向民众提供居住权利的保障。而私屋则为商品房，是私人拥有不享受政府买单优惠的自建或市场化的商品房，是私人支付全部土地使用成本与建筑成本的财产权利。

在公屋政策上，中国一直在探索和实践，从前些年的廉租房，到如今的公租房和探讨中的"共有产权"房，目的只有一个，那就是最大限度地保障各个收入层次民众的居住权，最大限度地实现"居者有其屋"，让人们能够安居乐业。像廉租房和公租房这一类保障性住房，是指政府在对中低收入家庭实行分类保障过程中所提供的限定供应对象、建设标准、销售价格或租金标准，具有社会保障性质的住房。

可以说社会保障性住房是我国城镇住宅建设中较具特殊性的一类住宅，它通常是指根据国家政策以及法律法规的规定，由政府统一规划、统筹，提供给特定的人群使用，并且对该类住房的建造标准和销售价格或租金标准给予限定，起社会保障作用的住房。多年来，这类住房包括两限商品住房、经济适用住房、政策性租赁住房以及廉租房和如今的公租房。

从经济学角度来说，区分保障与非保障性住房，只需要看土地的使用性质是出让还是划拨。在中国，住房政策上实行的是土地有偿出让制度。出让土地中的商品房不管有什么样的差别与限制都是私有财产的一部分，是财产权利与实体财产的结合，是一种财富的概念。中国物权法中所保护的这种用益物权，就是对私人或法人财产权的一种保护。

商品房是指经政府有关部门批准，由房地产开发经营公司向政府机关单位租用土地使用权期限40年、50年、70年开发的房屋，建成后用于市场出售出租的房屋，包括住宅、商业用房以及其他建筑物，是针对有购买能力的人群，满足人们改善居住条件的愿望和需求，因此房价的高低与保障性住房的多少无关，也与保障性质无关。恩格斯和凯恩斯在经济理论中都曾明确指出：试图用市场化商品住宅来提供社会保障，不但是不可能实现的，也是错误的，恰恰也是政府不应和无能力限制市场中的价格变化时，才必须用保障性住房解决社会矛盾。

作为保障性住房，是由政府买单所提供的居住权利，并不直接或与完整的财产权相关，购买后可以继承、抵押，但是不得出租、转让或赠予。如果真的因特殊原因需要转让的，由政府以购房价加利息回购，再作为公租房流转再次使用。而土地非出让的划拨则是政府的买单部分或财产收入的转移部分，这就是住房保障性质的最基本特征。

在房价涨势凶猛的趋势下，有不少人认为增加政府的社会保障性住房是为了平抑市场中的房价，这就是误解了。政府买单的保障性住房是针对买不起商品房和无能力自行解决住房问题（包括无能力租市场价的住房）的贫困家庭或中低收入家庭的人群。正因为自身无能力解决，才用政府买单的方式保障。而市场中的商品房则是针对有能力自行解决住房问题的家庭与人群的。这是两个完全不同的消费群体。

在市场经济体系内，社会保障性住房也可以用市场化的方式建设，但并不等于凡是市场化的住房都成了社会保障性住房。尤其是缴纳了土地出让金的商品房都不能列入保障性住房的范畴，更不能认为政府建设保障性住房的目的是削弱市场经济中的商品房。

在经济学家眼中，保障性住房不是要取消市场经济中的商品房，反之正是为了完善市场经济，挽救市场危机，刺激经济发展，弥补市场住房商品性缺陷的有力支持。这也恰恰是恩格斯与凯恩斯和类似经济学家提倡的政府在住房问题上参与干预的理由和原因。

多样化的投资渠道

生活中很多人都有这样的体会：当我们准备开启投资之旅时，总有些人"见树不见林"，看到周围的人在做什么，也跟着做什么，看见人家买股票、基金，也跟着一起买。而想要真正赢得财富，必须要掌握一定的经济学知识，所以切记不要盲目跟风。只有在理论的支持下，能力才有可能得以提升。有很多人已经把经济学和投资理论融入自己的日常生活之中，并从中获得了极大的回报。

刘威是一家企业的高级主管，存款已经有几百万，还是单身。他并不着急结婚，他觉得对于三十几岁的男人来说，投资是最关键的，但也不要随大流进行股票、外汇等的投资，他觉得上班已经很辛苦了，自己实在没有那份心情去学习更多的投资和经济学方面的知识。

而他的兴趣就在于玉石、翡翠等，他喜欢那种晶莹剔透的感觉。只要哪个地方有关于玉石方面的信息，就少不了刘威的身影。有一次去新疆，他看中了一块和田暖玉，喜欢得不得了，于是花大价钱买了回去。他的朋友很郁闷地对刘威

第2课 经济学看似高远，其实与生活"骨肉相连"

说："你要不把你的钱拿来我帮助你投资，你不要老是去买一些这样那样的玉回来好不好？有什么意思呢？又不能为你赢得利益。"

刘威没有管朋友的规劝，多年来，他将自己的很多钱用来买了大量的玉石，他觉得他就喜欢玉石，所以即使不能投资赚得利益也没有关系，只要他喜欢即可。

没想到刘威喜欢玉石的消息在行业内不胫而走，有很多同样喜欢玉石的朋友看到刘威的玉石挂件，愿意花大价钱买走，刘威虽然不是很愿意，但他突然发现，谁说玉石不是一种投资呢？他们愿意出高价买走，这玉就增值了，这难道不是一种投资？

的确，我们投资的目的本身就是求得增值。而现在投资古玩、玉石的也大有人在，即便你买的玉石没有多大的增值空间，但这是你喜欢的生活。就算没有为自己带来太大的利益收获，但也从来没损失什么啊，还享受生活带来的乐趣。

所以并不是所有投资都是以金钱为直接对象的，只要有升值空间，那就是一种投资。将投资变得不再是单调的一项技术，而是生活的调味剂，求得乐趣又达到致富的目的，这恐怕是一件最值得高兴的事情，所以我们说，投资是一种生活艺术。

某烘焙连锁店老板薇薇平时爱摄影，还爱养锦鲤，这些原本只是薇薇的兴趣和爱好，却在无意中将这种兴趣爱好打造成了薇薇的企业营销。

有一年，薇薇将个人的摄影作品拿出来制作成精美画册，然后送给购买烘焙蛋糕的顾客，没想到这个举动，引起了顾客的强烈反响，从那以后，"买蛋糕，就能获得薇薇摄影画册"成了该连锁店独一无二的营销方式。

与此同时，薇薇为自己的品牌代言，选择的不是明星，而是自己喂养的锦鲤，不仅反响特别好，深受顾客们的喜欢，还为自己的公司节省了大笔代言费和商业图片费用。

其实这也是一种投资，生活艺术的投资，为自己节省一大笔钱财。我们说过投资不一定非得是理财的投资工具，只要能为自己带来利益的投资，就是不错的选择。不要把投资当作是一项必需的技术，那也是一种生活艺术。

就这样，不知不觉地将自己享受的生活方式变成了一种水到渠成的投资，它将开启我们的另一种生活，转变我们的态度，为我们盈利。

经济学的知识并非一定要专业和"高大上"，生活中，我们不妨把身边的一些小利益转变为投资项目，这同样是经济行为，不仅能降低风险，还可以平和自己的投资心态，要是投资失败了就当是错失了一笔生意，如果成功了，不仅赢得了金钱，也有益于自己的身心健康，这就是一种投资的生活艺术。

第 2 课 经济学看似高远，其实与生活"骨肉相连"

从经济学的角度而言，投资就是将现有的资源投入某一项目并从中获得更大收益。在我们的生活中，并不是所有以金钱为直接对象的投资才算是投资，只要有增值、升值的空间，将你的兴趣爱好投资起来赢利也是致富的一种方法。我们要做的就是对于投资要抱有正常的心态，如果不敢于承担那么大的风险，就小数额投资，不要将自己的身家性命、全部家当用于投资。只将一小部分用于投资，哪怕失败了也可以用平和的心态面对，获利当然最好，因为对于我们来说，投资不仅仅是一项专业技术，更是生活的一部分。

第3课 建立科学收入规划，为竞争优势加码

我们的收入究竟取决于什么？学历？运气？抑或是其他难以言说的方面？其实，事物的本质还要从本质上去分析，收入的本质是金钱和财富，因此自然要从经济学的角度去分析。一个掌握了基本经济规律的人，必然能够更加从容和科学地规划自己的收入，从而成为别人眼中的成功人士。

高职高薪的秘密——稀缺性

从经济学角度而言,一件商品的价格并不是由它们本身所带给人们的使用价值决定的,而是由它们带给人们的边际效应决定的。

换句话说,水之所以价格很低,并不是水对人的用处小,而是因为全世界水的存量实在是太多了,以至于你无论是在哪里都会轻易地得到一杯水,所以,那多给的一杯水对你的效用简直没有什么大不了的,于是,水的价格就很低。而黄金的情况恰好与此相反,一来,它本身的蕴藏量很少,二来,其开采成本极高,所以,哪怕你只想得到1克黄金,那也很不容易,于是,它的价格就高。其他情况,依此类推。

这就是稀缺性对于物品价值的影响体现。稀缺资源这个词的定义就是:在以人类活动的年限来说,是无法在短时间内找到替代品,或者稀缺资源本身的再生,是无法满足人类无限欲望的需求期望。根据西方经济学的观点,资源的稀缺性会导致竞争,良性的竞争会引起资源的最优配置,从而弥补资源稀缺所带来的限制。

在上海,卖鞋的店铺数不胜数,很多人都会认为这个行业里没有什么空间了,皮鞋布鞋、运动休闲,各种各样都有。然而有个叫王辉的年轻人,硬是在这个行业里找到了"空白"之处,做起了"垄断"生意。

王辉是一家健身馆的教练,他身高1.90米,鞋子要穿45码。他的太太鞋码是41码,女儿十几岁,穿的鞋居然比妈妈还要大半码。以前,王辉经常为了找到适合自己大脚的鞋子而在各个鞋店寻觅。可惜,如愿的时候很少,即使碰巧有尺码合适的,也都是一些老掉牙的款式。

王辉在自身苦恼的同时也发现了其中的商机,商场里的男鞋一般都不超过44码,因为太大的鞋码如果没人买肯定要积压;而39码脚的女孩子可能逛一天街都买不到一双心仪的皮鞋。他决定开一家独一无二的特大鞋专卖店。

王辉认为特大鞋是十分稀缺的商品,这类商品的顾客指向性十分明确,另外他也不准备把定价定得很高,因此并不需要将店址选择在十分高档的地段。开店以来最麻烦的就是货源,刚开始他只好自己一双一双地去淘,费了半天劲,还淘不到几双,而且都是断码的。后来他去了华交会,找到了一些专门做外贸鞋类加工的企业,解决了这个难题。

在王辉的店里,有200多种款式,从男女皮鞋到休闲鞋,从运动鞋到拖鞋,从夏季的凉鞋到冬季的皮靴一应俱全。鞋架上陈列着各种尺码:男鞋从44码到53码,女鞋从40码到44码,只要来到店里的大脚,就一定能找到适合的鞋子。这样他的生意越来越好,只要顾客来过一次,基本上都成了他的

第3课 建立科学收入规划，为竞争优势加码

回头客。

王辉店里的鞋子价格比较实惠，从100元至400元不等，百元出头的鞋占了较大的份额；做工也都非常考究，质量过硬。用他的话说："特大鞋的质量一定没问题，不可能有企业做假冒伪劣的特大皮鞋，因为需要的人太少了。"

名气越来越大之后，王辉还通过网络，发展了很多外地客户。有一次，一个南京的顾客一下定了8双各种式样的46码的鞋子，甚至还有打电话来咨询的外国人。曾经还有一位顾客专门从外地赶来向他致谢，因为买不到合适的尺码，他曾经多年穿着不合脚的鞋子，但是王辉帮他解决了这个难题。这种买了东西还要跟老板道谢的场面在其他商店很难想象，这也让王辉非常自豪。

目前，王辉的特大号鞋店每月的营业额都过万元，而且正高速发展着，利润十分可观。

卖鞋的人有那么多，可是王辉还是能卖出花样来。可见，需求就像海绵里的水一样，你要挤，总是有的。即使是一个看上去已经成熟甚至饱和的市场，也必然存在别人看不到的"稀缺"地带，存在别人无法涵盖的夹缝或者边际。很多人都曾经利用这种"稀缺性"商品获得过成功。

也许你会这么说，现在电商这么发达，哪有那么多稀缺商品？你能找到的别人也能找到。其实，只要你足够细心，那么你就会发现，随着市场经济的发展，随着科学技术的不断创新、信

息的快速传播以及人们不断增长的物质文化需要，无论是在繁荣发达的城市，还是在穷乡僻壤的乡村，市场上总会出现相应的"稀缺产品"。

在经济学家们看来，商品利润何来？从稀缺中来。产品的稀缺，往往是由垄断（不完全竞争）造成的。只有不完全的竞争，才谈得上可观的利润。高度垄断意味着高额利润。所谓"垂直分工""发展高科技产业"，不论其名称如何，本质上就是追求产品的稀缺性，从而在产品交换上获得超额利润。

我们都认识到稀缺性商品市场中蕴含着巨大商机，可以说遍地是黄金，只要你独具慧眼，找准空白，你就是独一无二的，就能轻轻松松赚钱。因此，不要怕市场上什么都有做的，担心自己没有机会，市场是找出来的，要看到别人的视线达不到的地方，从中找到商机。

"人无我有"是对稀缺性商品最准确的概括，因为没有竞争者。在我们寻求提升收入的过程中，要善于寻找稀缺性，为自己建立这种"垄断"的优势。只要你能找准这个方向，及时切入，你就能迅速"垄断"这个市场。即使后来有其他人模仿你，也难以动摇你"第一"的地位。退一步讲，即使大家都跟着涌进来了，你可以再去开拓另一处空白战场，继续做你的第一。

一旦成为需求，价值水涨船高

猪肉是中国最为普及的一种肉食，日常消耗量巨大，以至于猪肉价格的高低直接影响了普通家庭的生活消费。日常生活中我们常常在经济类新闻中看到有关猪肉以及生猪价格的消息，显而易见，猪肉的价格涨落与经济的发展有着非常密切的关系，其中的原因是什么呢？

从经济学角度而言，生猪因为要经历生长到出栏的过程，因此有着类似期货的商品属性，本期猪肉价格的高低会直接影响到下一周期猪肉的生产量（养殖户是否继续养猪，养多少），而且作为经济链的一环，猪肉价格也影响了饲料以及运输市场，同时猪肉的价格可以看成是一种信号，每当猪肉价格大幅增长时，很多时候会伴随着整个物价的上涨。

那么，猪肉价格的波动都与哪些因素有关？其中又反映了怎样的经济学原理呢？

张威在家乡开了一家养猪场，他的堂弟则经营一家禽类养殖场。临近过年，生猪和家禽类价格本来应该有大致相同的涨幅，然而今年的行情却大出张威的意料，生猪价格在年前不涨反降，而堂弟的家禽价格竟然比往年高了三成，结果就是，堂弟的养殖场年底盈利非常可观，而张威的养猪场则赔了不少钱，饲料、房租、电费、水费和工人工资几乎都赔进去了。

眼看张威的养猪场陷入困境，热心的堂弟建议把猪贱卖掉改养禽类，当地也有条件养鸭和鹅，堂弟主要是养鸡，两个人的生意也不冲突。不过张威并不这么想，他拒绝了几家低价收购的经纪公司和猪场，坚持了下来。他认为最近猪肉销售不畅是因为非洲猪瘟的肆虐，在许多猪场的生猪因为感染病毒全军覆没的情况下，猪价不涨反跌，是人们的担忧心理在起作用，以他多年来的经验，短期内猪肉价格一定会有改观。

果然，春节一过，人们对于非洲猪瘟的讨论少了很多，猪肉价格明显反弹，加上前期猪瘟处理了大量病猪，市面上的生猪非常稀缺，价格很快一路飙升，甚至比正常情况高了四成。眼看猪肉行情如此火爆，堂弟又开始劝张威不要急于出售，而张威则再一次唱了反调，他清空了自己的猪场，并且告诉堂弟，家禽类的价格马上要涨，让堂弟做好准备。

一周之后，猪肉价格持续攀升，菜市场的猪肉贵得都没人买了，不少人转而买禽肉和牛羊肉，猪肉价格又开始快速回落，而家禽类的需求则开始大增，堂弟又赚了不少钱，对于张威也更佩服了。

那么，张威与堂弟的赚钱是靠运气吗？答案自然是否定的。

第3课 建立科学收入规划，为竞争优势加码

这看似随机的涨跌之中，其实反映出的还是经济学的基本原理。我们知道，经济学研究的理论基础就是供给和需求理论，所有的经济现象都可以用供给和需求来解释。

在2019年春节前的那次猪肉价格下跌中，很明显因为猪瘟导致民众的恐慌心理，人们都不吃猪肉了，对于猪肉的需求降低到了最低点，猪卖不出去，价格自然就跌了；与此同时，没有猪肉吃的人们自然会把需求转移到禽肉上，所以张威堂弟的养鸡场因为鸡肉价格上涨而赚钱了。

到了春节后，猪瘟潮过去之后，人们对于猪肉的需求又重新提升，此时因为前一段时间生猪存栏量大大下降，生产的猪肉要远小于市场需求，因此价格快速攀升到比往年更高的价位，如此一来，需求很快就又降了下来，重新分流到了禽肉类，这也就解释了堂弟随后赚钱的原因。

所以，猪肉价格的涨跌不是偶然，只要我们了解其中的原因，就能够看懂猪肉涨跌的原理。懂得了供求之间的关系之后，举一反三，我们在生活中其他许许多多的经济行为中，同样也可以用这个原理去指导我们的行为，用经济学的眼光去看待和分析事物，通过把握趋势而获取财富，甚至通过一定的努力对它产生影响，使它朝着我们所希望的方向发展。

来自农村的小刘在上海一家公司打工，因为主要负责跑业务，他每天都要长时间的走街串巷。在这个过程中，他发现了一个有趣的现象：有些店铺，尽管里面富丽堂皇，而门

口上方的招牌却是又黑又脏。一次在与朋友聊天中得知，清洁公司只是负责楼店里面的卫生而不负责外面的招牌。

招牌对于一家店来说是十分重要的，人们一定会有清洁招牌的需求！小刘意识到自己发现了一个新的商机。他立即办起了一个小型清洗公司，专门做招牌清洁。由于找准了需求，公司迅速发展，业务量十分可观，他还联系了一家清洁剂厂，做了他们产品在上海地区的总代理。这样，他的公司在做广告牌及门前招牌的清洗时，还能推销清洁剂。

如今，小刘在上海已经有了自己的房子和车子，成功从打工仔"升级"成了一位有着自己企业的成功人士。

这其实正是我们在猪肉涨跌中分析出来的经济原理在起作用：有需求的地方，就一定会有市场。很多时候，不是缺少需求，只不过是你缺少发现罢了。很多时候，投资的灵感必须要有经济学原理和知识的支撑，只有你掌握了供求之间的关系，才能比别人看得更远更透彻。

成本估算：弯道超车还是换道超车

"成本"在经济学上是一个极其复杂的概念，其中有一项叫做"机会成本",即选择某一特定方案而放弃的其他各种可行方案的可能收益值。换句话来说,机会成本中的最优,并非实际发生的最优,而是选择者的心理预期。

比如说,20万元钱投资于房地产可获得利润40万,投资于股票市场可获得利润30万。如果把这20万元钱投资于房地产,那么可以从股票市场得到30万就是其机会成本;如果把这20万元投资于股票,那么可以从房地产投资中获得的40万就是其机会成本。

一般来说,最优的资源配置意味着该笔资源投向某一用途所担负的机会成本最小,因此,如何选择投资方向和目标直接关系到投资的成本,选对了合适的投资方向,其实就意味着降低了自己的投资成本。

在一次企业家咨询会议上,阿里巴巴董事局主席马云提出了这样的观点:"要做别人没有做的东西,跟车永远无法超车,抓住数据化时代机遇才能换道超车。"这番话引发了与会者和网友深切共鸣,其中提到的"换道超车",其实就是在寻求更低的机会成本。

俊夫最早只是东京一家药店的小老板。最开始,他的俊夫药店跟日本的其他小药店一样,完全没有什么出彩之处,当时的他正准备想办法贷款来扩大自己的店面规模,去谋求更高的知名度和利润。但是在当时,贷款并不是一件容易的事情,他为了这件事一筹莫展。

有一次,他看了一本书,讲的是一个国家进攻另一个国家绝不能仅仅是占领城市。因为城市在一个国家是一个个孤立的点，如果对方让你占据这些点，而从乡村这个广大的面上去包围你，城市之间的交通就会被切断，城市中的军队也就成了瓮中之鳖。

看着看着，俊夫心中一动：自己现在的药店不就像"城市中的据点"一样孤立无援吗？所以，要想让自己占领更大的市场，必须打破这种被围困的局面。于是，俊夫挑选了两个相对不那么繁华的地段，又开了两家小店，把俊夫药店变成了连锁店。这样一来，投入的成本要比之前扩张店面的预算低不少，而且这三个不在一条直线上的小店，其地理位置处于一个三角形的三个顶点上，它们之间的连线就构成了一个三角形。这三家药店间互相保持着密切的联系，其中任何一家店的某种药品缺货，只要一个电话打到附近的两个店，立刻就能得到支援，任何一个小店都会让顾客感到药品充足、无所不备，这又进一步降低了他的运营成本。

俊夫的"三角经营法"取得了惊人的成功，药店的销售额成倍地增加。除了原先预计的以外，他还发现，三角形的连锁店中任何一个店做广告宣传，等于其他两个店也在做广告宣传。与此同时，经营规模大了，进货量多了，进货成本也就更低了，这也就进一步增加了俊夫医药连锁店与其他药店进行价格竞争的资本。再加上货全、调货及时、服务态度好，药店的生意就这样兴旺起来。

俊夫并没因此满足，接着进一步发挥了他的"三角经商法"。以任何两个老店为基础,再发展一个新店,使这三个店构成一个新的三角形连锁系统。由于有两个老店的支援,新店和老店一样富有实力。这样每建立一个新店,就可以拥有一片新的领地,一片能有效控制的、竞争对手无法进入的领地!

连锁店一家又一家地出现在日本各地,没过多久,俊夫的药店就已经"圈占"了整个日本,全国都有俊夫的连锁店,俊夫也从一个药店的小老板迅速成长为日本医药业的巨头之一。

要知道,在东京这样一个国际化大都市里,像俊夫药店那样的小药店恐怕有上万个,要想在这上万个药店里边脱颖而出,混出个名堂来,恐怕比考取国家公务员最火的职位还要难得多。如果说俊夫仅仅是每天在店里什么都不想,客人来了就卖药,没人上门就闲置,那可能直到后辈继承遗产的时候,俊夫药店也还是几十年前的规模。俊夫药业的崛起,向我们充分展示了"换道超车"的神奇之处。

世界上有百分之九十的财富都是从创意中来,而创意又往往都是从变通中演化出来的。有了变化,才能够推陈出新,才能够割开财富的突破口,在激烈的商海竞争中与众不同,从而确立自己独特的优势,立于不败之地。

要知道,以当今商业之发达,无论我们准备从哪一行开始发展,都绝不会缺乏争抢利润的竞争对手。要想成功,就必须得想办法降低成本、增加利润。若是我们的项目或企业也和其他绝大多数企业一样始终长着一张"大众脸",混在人群里根本没法引起别人注意的话,在如此众多的竞争对手的夹击下,我们又靠什么做大做强呢?因此,唯有打破循规蹈矩、不温不火的经营模式,换道超车,主动求变,与竞争对手拉开差距,才能让自己在茫茫商海中脱颖而出。

成为品牌,才有卖点:百岁山的爱情故事

经济学上有一个说法叫作"晕轮效应",指的是当认知者对某个对象形成了一个好或坏的印象之后,就倾向于通过这一点推测该对象其他的品质。这个效应如果往好的方向去说,叫作"情人眼里出西施,怎么看都好看";如果要往不好的方向去说呢,就成了"刻板偏见"。商业行为中各个品牌都喜欢找明星做广告,正是应用了"晕轮效应"的正面作用,即:观众认为某个演员好,就会自然而然地认为他代言的产品也好。

这个效应扩展开之后,已经不仅仅限于明星代言了。随着互联网时代的来临,新的创意和营销方式层出不穷,很多广告和宣传都会让我们有"脑洞大开"的感觉。

第3课 建立科学收入规划，为竞争优势加码

曾经有一个矿泉水品牌独辟蹊径，并没有请某个明星来代言产品，而是用独特的广告设计营造出了独特的品牌效果，同样让大众印象深刻，这就是当年百岁山矿泉水的一个连续三期"连续剧"式的系列广告。

在当时，百岁山矿泉水这个"以情节取胜"的广告也引发了网络讨论的热潮，甚至有人说百岁山的广告是检测智商的唯一标准，因为广告中的各种情景故事实在是耐人寻味，乍看之下，满屏洋溢着西方贵族风——欧洲街头、公主、马车、鲜花……然后毫无预兆地捧出一瓶矿泉水。然而百岁山却丝毫不做解释，而且连拍三部，让其愈发赋有神秘色彩。

其中第一段广告的情节是这样的：一个老年人坐在墙根，面前放了一瓶水，一位公主坐在老爷车后座，公主走下车，拿了老人面前的那瓶水，老人很诧异，贵族女人微微一笑，走了；到了第二段，公主捧着一瓶水，向年老的笛卡尔跑去，跑近时发现，镜头从老人切换到了老人年轻时候的样子；第三段广告中，儿时的公主抢过小男孩手中的水，深深地喝上了一口，此时画面切换到成年时的公主，她看到这幅画面，陷入了之前的回忆中……

这三段广告自始至终没有任何一句台词，也没有任何关于剧情的解释，正因为如此，大家才直呼"看不懂"。其实，这正是厂家运用"故事思维"的一种宣传模式，在你看不懂的广告背后，却蕴含着一段凄美绝伦的爱情故事。

1650年，瑞典斯德哥尔摩的街头人来人往，没有人留意到街边一处不起眼角落里，坐着一位衣衫褴褛的老人。与其他乞丐不同的是，老人的衣衫虽然破旧不堪，但却没有一丝污秽，旁边是一个装着衣服的包裹以及十分引人注目的一堆书籍。这个貌似乞丐的老人只是安静地坐在街边，并不开口向路人乞讨，而是在太阳下安静地看着书，引来路人奇怪的目光。

　　都说数学家是最具浪漫情怀的，这一天终于来了。在一个宁静的午后，笛卡尔照例坐在街头，晒着太阳入神地阅读一本数学专著，这时突然有人来到他身旁，拍了拍他的肩膀问道："请问你在干什么呢？"笛卡尔抬起头，看到一张年轻秀丽的脸庞，一双清澈的眼睛楚楚动人，她就是瑞典的小公主，国王最宠爱的女儿克里斯汀。原来公主从小天资聪慧，思维敏捷，对数学有着浓厚的兴趣，两人在经过热烈的讨论后，大有惺惺相惜之感。

　　这件事过去几天后，笛卡尔意外收到来自王宫的通知，国王聘请他做小公主的数学老师。笛卡尔兴奋地来到宫殿客厅等候，在这里，他见到了公主克里斯汀第二面。

　　聪明过人的公主在笛卡尔的悉心教导下突飞猛进，他们之间的感情也开始变得十分亲密，随后在笛卡尔的带领下，克里斯汀走进奇妙的坐标世界，从此对数学曲线着了迷，在朝夕相处的过程中，两人美好的爱情也悄然开始。

然而事情没过多久，他们的恋情就被国王知道了，不能接受此事的国王下令立即处死笛卡尔，在克里斯汀的苦苦哀求下，国王将他放逐回国，公主从此被软禁。当时欧洲大陆爆发黑死病，流落街头的迪尔卡不幸染病，在生命进入倒计时的那段时间，他日夜思念公主，每天坚持给公主写信。然而这些信件公主并未收到，都被国王拦截了下来。

最后，在笛卡尔给公主寄出第13封信后，便离开了人世。最后一封信中没有任何言语，只有一个方程式：$r=a(1-\sin\theta)$。

对于数学一窍不通的国王看不懂这封信，以为方程式内隐藏着两个人不可告人的秘密，便把全城的数学家召集到皇宫，但没有人能解开函数方程式。后来国王不忍心心爱的女儿每天闷闷不乐，便把信给了公主，拿到信的克里斯汀欣喜若狂。当她按照笛卡尔曾经教她的方法解开方程式后，一颗心形图案出现在坐标图上，克里斯汀不禁流下感动的泪水，这条曲线就是著名的心形曲线。

这封信也是享誉欧洲的另类情书，至今保留在欧洲笛卡尔纪念馆里，见证着这段唯美又凄惨的爱情故事。

了解了这个爱情故事之后，我们就不难看懂百岁山的那三段广告了。原来，这个广告的创意，就是用百岁山矿泉水替换了笛卡尔写给公主的最后那封信——心形曲线。不得不说这样的概念替换是成功的，许多人从此把百岁山与"贵族"二字画上了等号，一个高端大气上档次的矿泉水品牌也因此诞生。

在当时，全国包装水市场深陷"水源之争"，在这样的大环境下，百岁山以卓越的营销智慧，用"水中贵族"的定位悄悄跻身一线大品牌，一度进入销量前三强，销售业绩突破百亿，与农夫山泉、华润怡宝并列称雄。可以说它的广告和品牌营销是相当成功的。

如今，这种运用"晕轮效应"建立品牌形象的做法已经悄然影响了各行各业的众多品牌，大家在宣传产品和营销品牌的时候，已经不仅仅是在做广告，而是在追求品牌效应，谁的营销手段更新奇、更能打动消费者，谁的品牌就更加深入人心。

我们每一个人也要从中体会到经济学原理的运用技巧和价值，因为无论是个人还是企业，只有建立起了属于自己的品牌，有了品牌效应，才能够带来更多的经济效益。

听方文山讲故事——投入 vs 产出

在网络上曾经流行过一种制定成功计划的方法，叫作"梦想规划法"，是一种严格按照付出收获逻辑制定计划实现目标的方法，如果能够在日常生活工作中成功应用这种方法，一个人实现梦想的概率就会得到提升。这其实跟经济学中的投入产出概念是同一个逻辑，所谓"一分耕耘一分收获"，要想提升收入，成为人生赢家，就要遵循投入产出的经济学规律。

也许你会怀疑，人们都说成功是不可复制的，那么这个经济学规律难道就能够通用吗？其实，这个"投入产出"并非是一套具体的实施说明书，而是一种用逻辑去梳理行动和计划的思维方式。要知道，每一个伟大梦想的实现都源于有计划的投入实施，带我们抵达成功彼岸的不是美好的蓝图，而是具体的、有逻辑的计划。

很多时候，目标和梦想的实现是不可能只通过一次努力就达成的，它需要我们制定很多计划以及具体而详细的实施步骤。而这些计划和步骤，一定要遵从逻辑，即便是很多表面上看起来不相关的东西，本质上也有着千丝万缕的逻辑关系。我曾经看过一个笑话是这样讲的：既然我吃掉了最后一个馒头就饱了，那我为何还要吃之前的8个呢？这个笑话让人们在大笑之余不禁会想，其实我们成功的过程不也正是这样的逻辑吗？没有前面99步的投入，最后迈向成功的一步便无从谈起。

中国台湾著名的歌词作家方文山是周杰伦的最佳拍档，周杰伦曾经说过："没有方文山，我的歌不会这么成功。"方文山的歌词充满画面感，文字剪接宛如电影场景般跳跃，在歌词创作的领域中独树一帜。

虽然如今的方文山已经俨然是继林夕之后华语乐坛最优秀的词作人，但谁能想到，一开始的他不仅并非音乐专业毕业，甚至连从事的工作也跟音乐和作词没有任何关系。那么，他的成功背后有着怎样不为人知的经历呢？

方文山当初为了圆梦在台北苦苦打拼，他做过防盗器材的推销员，还曾帮别人送过外卖，送过报纸，做过中介和管线安装工。他原来的理想是做一位优秀的电影编剧，进而成为合格的电影导演，但当时中国台湾地区电影业的整体滑坡让他望而却步。在前行的道路上遭遇重重挫折之后，他觉得可能是自己的方向和做法出了问题，于是重新制订自己的梦想实现计划，转而向歌词创作努力。

首先他利用大量业余时间创作歌词，直到可以选出100多首集成词册。然后，方文山开始用自己的逻辑来分析和实施自己的计划：他翻了半年内所有的CD内页，找出最红的歌手和制作人并把集成册子的歌词邮寄给他们，前后寄出了100份。为什么要寄这么多份？这是有逻辑依据的，按照行业统计的平均数字，他估计这些歌词邮件经过前台小姐、企宣、制作人层层辗转，大概只有百分之五左右会被目标人物收到，这样的情况下，自然要提升发送基数，从而增加邮件送达率。

方文山的这一计划实施了一年之后，终于开始起作用，最终他被吴宗宪发掘并赏识，顺利进入华语流行音乐界，后来他又和周杰伦结成黄金搭档，被广泛接受和认可。

方文山从退而求其次转变努力方向开始创作歌词，到按计划邮寄歌词给制作人，其实都在遵循着投入产出的逻辑规律，他一点点投入自己的努力，这样一步一步按照计划实施自己的梦想，最终成功实现目标。

同样道理，如果你期望在哪些领域获得重大进步或者成功，你不妨把它们列在笔记本或记录表上。有些人列出的领域少一些，有些人或许会多些，数目多少并不影响效果。例如，我期望改变的领域包括：教育、子女、健康、事业和业余爱好。当确定了什么领域对你最重要之后，先将它们写在记录表上。下一步，在这些领域里你有什么样的梦想、渴望和计划？请把其中最重要的部分也列举出来，然后按重要性的高低将它们排序，把对你来说最重要的梦想放在最前面。做好这些准备后，你可以开始进行梦想规划了。

首先，我们要为每个梦想制定一系列具体的目标和需要投入的内容。具体做法是：先写上你的一个梦想，然后为了实现这个梦想，制定几个具体的二级目标，将它们列在纸上。这一步能将你的梦想转化成更具体的目标。接下来我们要为每个目标单独留出一页，在每一页列出一个你期望实现的二级目标和为了实现这个目标所需要投入哪些东西，将这部分内容统称为"实现目标的投入统筹"。最后，为列出的每个任务的投入和步骤设定一个完成期限。写完之后，你就可以开始实施了。

运用这种方法，我们可以用逻辑思维把自己看起来遥不可及的梦想分解为一个一个具体的任务，每次只需要完成一个任务，或者一个目标，从而循序渐进地实现你的所有梦想。不仅降低了实现梦想的困难程度，更重要的是，这样的计划让我们不再停留在憧憬梦想的阶段，而是立刻开始为梦想而行动，对于一个计划而言，"立刻开始行动"是最重要的，没有这一步，所有的计划和梦想都不可能成为现实。

这就是经济学逻辑思维的体现，换而言之，实施什么样的投入就有什么样的产出，遵从什么样的逻辑就有什么样的人生，每一个梦想的实现，都是从一个计划的实施和投入开始的，这种经济学层面的逻辑关系，在我们的人生之路上无处不在，你的每一个目标，每一个计划，最终是否能够得到期望中的回报，都离不开"投入产出"这个经济学逻辑的支持。

信息：新经济时代的制高点

古代军事家孙武曾说过"知己知彼，百战不殆"。这句话放在当今这个信息时代，我们可以用一种全新的视角去理解，即信息决定成败。从经济层面而言，信息是一种无形的资源，信息不对称是要吃败仗的。其实，不唯战争如此，商场上也是如此。在如今这个信息发达的时代，信息已经变成了赚钱的资本，谁能及时获取并利用信息，谁就站在了财富的制高点上。

虽然买方与卖方永远存在，但他们的信息往往并不对等。也

第3课 建立科学收入规划，为竞争优势加码

就是说，急于卖出的却可能一时找不到买家，而想要买的却又找不到卖家。这时，善于利用信息的人可以通过自己所掌握的信息促成多方的买卖成功。

也许有人会说，现代社会是一个信息化的社会，网络、移动电话的普及使世界变成了"地球村"。你知道的信息，别人马上也知道了，这一分钟发生的事情，下一分钟已经传到地球另一边了。不错，现代通信手段使得信息的传播可以达到"即时"的速度，然而，同样的信息，每个人看到之后的利用情况却不尽相同。信息谁都看得见，但商机却需要你去发现。

拉美的一个商人，名叫拉菲尔·杜德拉。他原本是一家公司的职员，经常为生计问题犯愁。怎样实现自己成为富翁的目标呢？杜德拉思索着也留意着各种有关发财致富的信息。

有一次，杜德拉偶然在报纸上获悉阿根廷打算从国际市场上采购价值2000万美元的天然气。这个信息引起了他的注意，他决定前往阿根廷探个究竟，看看此信息是否属实。他到那里打听到此事千真万确以后，就盘算怎样争取到这笔生意。

当然，他知道这是一宗大买卖，自己没有这个实力，再说，他也从未接触过这个行业，而这宗买卖的两个竞争者都非常强大：一个是英国石油公司，另一个是壳牌石油公司。这两个公司都财大气粗，且有着丰富的经营经验，杜德拉根

本不是对手。

　　为了找到一个好的方法，杜德拉再次对阿根廷市场做了深入调查，又获得一条这样的信息：这里的牛肉过剩，政府正急于寻找买家。于是，他抓住这一信息，反复思考，认为可以在这个问题上找到突破口——如果自己能够帮助阿根廷推销过剩的牛肉，就可以促使阿根廷政府跟自己合作。于是，杜德拉着手开展对牛肉市场的调查和推销工作。

　　与此同时，他向阿根廷政府承诺说："如果你们向我购买2000万美元的天然气，我便向你们订购2000万美元的牛肉。"阿根廷政府觉得杜德拉的条件优于其他竞争者，于是把采购天然气的投标机会给了他。

　　杜德拉在四处推销牛肉时，发现西班牙有一家大船厂由于缺少订单而濒临倒闭，西班牙政府十分关注。他认为这条信息又是一个很好的机遇，便前往该国的有关政府部门游说。他表示："假如你们向我买下2000万美元的牛肉，我便向你们的船厂订购一艘价值2000万美元的超级油轮。"这一条件令西班牙政府不胜欣喜，因为他们原本就要大量进口牛肉，便马上和杜德拉签订了合同，并在油轮的价格上给予了很大的优惠。

　　杜德拉在向西班牙推销牛肉时，已到处物色购船的客户。最后他找到美国的太阳石油公司，他对这家公司的老板说："如果你们肯出2000万美元租用我的一条超级油轮，我就向你们购买价值2000万美元的天然气。"太阳公司的决策者想，反正自己要租用油轮的，现在他能买自己的产品，这条件是有利的，所以欣然接受了。

就这样，杜德拉做成了一笔6000万的生意，而他自己的投入其实是零。杜德拉巧妙地利用了自己掌握的信息优势，促成了这样一笔大生意，赚到了几百万美元，这"神奇"的交易在商业史上是罕见的。其实这些信息当时并不是什么大秘密，但是在许多人眼里他们只是孤立的，只有杜德拉巧妙地把它联系起来，充分地加以利用，成就了一段财富神话。

在很多时候，信息就是赚钱的机会，我们要善于发掘信息、捕捉信息、利用信息。俗话说"过了这个村就没这个店了"，信息的时效性要求我们一旦发现机会蕴藏其中，就要果断行动。正如福布斯所说的："信息对于追求财富的人来说，掌握数量的多少和把握的快慢往往起到关键作用，决定着人们在商业活动中的胜负成败。"

新经济时代，谁掌握了信息，谁就占有了商机，谁能有效利用信息这一资本，谁就能站到财富的制高点上。在这个高度信息化的时代，不妨擦亮你的眼睛，寻找你的财富制高点吧！

第 4 课 洞察消费市场,有钱也要花在刀刃上

消费本身是一件令人激动又危机重重的事情,我们在享受购物快感的同时,也要意识到消费陷阱无处不在,无论是免费品尝,还是商品折扣,以及层出不穷的各种优惠券和免息贷款之类,有许多其实都是商家精心设计好的套路,我们一不留神,就会被别人套牢。

扒一扒,定价中那些"玄机"

小王周末去电脑市场买电脑,发现了一些有意思的事情:电脑硬盘500G容量的要400元,1000G容量的却只要500元。笔记本呢,反倒是尺寸小的要比尺寸大的更贵。而大屏幕显示器更夸张,只大了几英寸,价格却几乎翻了一番。他又想到了自己前段时间租下的商铺,水费和电费与自己家用的水电费也完全不在一个档次上。"同样的成本,或者是大体接近的成本,最终的价格怎么完全不同甚至不成比例呢?"小王陷入了沉思。

小王遇到的,其实就是经济学意义上的"差别定价",它是我们在日常生活中经常遇到的一种现象,可以说在我们身边无处不在。从概念上来说,差别定价是指企业以两种或两种以上不同反映成本费用的比例差异的价格来销售一种产品或服务,即价格的不同并不是基于成本的不同,而是企业为满足不同消费层次的要求而构建的价格结构。

差别定价法通常有以下几种形式:

第一种是最显而易见的——产品形式差别定价,说白了就是根据产品自身差异定价。企业按产品的不同型号、不同式样,制定不同的价格，但不同型号或式样的产品其价格之间的差额和成本之间的差额是不成比例的。比如：某品牌手机2019年的旗舰型号上市时，2018年的旗舰机型就会降价销售，二者之间价格相差很多，可是其成本差额却没有那么大。

第二种是产品定位定价。有些企业根据产品定位对同一产品制定不同的价格，这时，企业可以对同一产品采取不同的包装或商标，塑造不同的形象，以此来消除消费者认识到不同细分市场上的商品实质上是同一商品的信息来源。如端午节前后，普通粽子价格在几十元左右，那些更高档包装、著名品牌的粽子，价格却为几百元甚至上千元。我们日常生活中也会经常遇到这样的例子：比如同样的瓶装水，在廉价商店低价销售，但在高端商场里则高价销售。

第三种是顾客细分定价，即"看人下菜单"。企业把同一种商品或服务按照不同的价格卖给不同的顾客。例如，电力公司将电分为居民用电、商业用电、工业用电，对不同的用电收取不同的电费；铁路公司对学生、军人售票的价格往往低于一般乘客；自来水公司根据需要把用水分为生活用水、生产用水，并收取不同的费用；公园、旅游景点、博物馆将顾客分为学生、年长者和一般顾客，对学生和年长者收取较低的费用。这种方式的本质除了公益性质之外，也符合市场经济学中的供需原理。

还有一种就是根据时间、地点进行价格浮动差别定价。很多企业会对用户按一天的不同时间、周末和平常日子采取不同收费标准。例如航空公司或旅游公司在淡季的价格便宜，而旺季一到，价格立即上涨。这样可以促使消费需求均匀化，避免企业资源的闲置或超负荷运转。还有些企业对处于不同位置或不同地点的产品和服务制定不同的价格，即使每个地点的产品或服务的成本是相同的。例如火车卧铺从上铺到中铺、下铺，价格逐渐增高；影剧院不同座位的成本费用都一样，却按不同的座位收取不同价格。

当然，差别定价也要根据具体的市场情况进行相应的调整，这也是经济学基本原理所决定的。理论上，差别定价是为了获得消费者剩余，消费者剩余指消费者的目标价格和实际价格之差，这一差额很大程度上取决于供需关系。比如，对于那些迫切需要某种商品的消费者，可以较高定价；对于需求不是太强烈的消费者，可以中等定价；对需求较弱的消费者较低定价。企业采取多个等级的价格，就可以获得比统一价格更多的销售收入，实际上，高于统一价格购买商品的消费者多付出的那部分货币支出，即转化为企业的生产者剩余。

实际上，要想顺利实施差别定价，必须能够将市场或市场的各个部分有效地分割开来，各个市场必须有不同的需求弹性，比如按照消费者的支付能力划分消费阶层，分别定价；按消费者的需求价格弹性区分市场，最大限度地接近消费者可以支付的最高价格定价。这就决定了差别定价的手段主要有以下两种：

第一种，按照消费者的支付能力划分消费阶层，分别定价。一般地，划分标准是消费者的收入水平或消费者的偏好程度。例如，在农贸市场，消费者一般都有讨价还价的余地，不同的消费者达成交易的价格可能存在很大的差异。

第二种，按消费者的需求价格弹性区分市场。对于弹性较小的市场，提高价格能够获得更多的收入，一般可以制定较高的价格；对于弹性较大的市场，需求对价格变化比较敏感，企业可以制定较低的价格。

总而言之，企业针对不同的消费需求制定价格，达到最大限度获得消费者剩余的目的，相对于实行统一价格，可以产生更大的经济收益。只要一家企业在市场上占据完全垄断的地位，就可以通过差别定价获取更大的收益。

差别定价的经济学意义在于，经济学上所说的"商品价值"及其规律则是实现经济价值的现实必然形式。绝对价值是商品蕴含的人类劳动量，所需劳动量越多，绝对价值越高，生产同一种商品，在任何时代需要的人类劳动量相等。劳动量=劳动效率×劳动时间。而经济价值就是对经济行为体从产品和服务中获得利益的衡量，所有的差别定价行为，本质上都是在追求经济价值，而非绝对价值。

价值实际反映到生活中的物品价格的时候，往往并非由其"价值"决定，而是由供求决定，即人们常说的商品价格。价格是由供求关系决定的，跟商品的绝对价值没有关系，因此就出现了"差别定价"这样的经济行为。我们在日常消费的过程中，也要认识到差别定价的本质所在，合理选择，避开各种定价上的"坑"，合理利用自己的资金。

"明星同款"背后的经济学原理

"示范效应"这个名词最早是心理学家对人类行为研究所做的总结,示范效应往往是双向的,这就是所谓"坏"榜样和"好"榜样所起的影响。从动态上看,示范效应最终会使少数成为主流,正是因为这一特点,现在示范效应已广泛地被经济学家用于研究人的经济行为,尤其是人类的消费行为。

在经济学层面,消费示范效应是指受外界因素影响所诱发的不顾生产力水平和经济条件去模仿过高消费水平和消费方式的经济现象,这就是所谓"示范效应"。消费者的消费行为要受周围人们消费水准的影响,如果一个人收入增加了,周围人收入也同比例增加了,则他的消费在收入中的比例并不会变化;如果别人的收入和消费增加了,他的收入并没有增加,但因顾及在社会上的相对地位,也会强行提高自己的消费水平,从而与其他人保持一致,虽然这样的行为有"打肿脸充胖子"之嫌,但却相当符合大众心理。

以明星代言为例,假如全国13亿人都是某明星的粉丝,只要每位粉丝拿出1分钱,那么这看起来很微不足道的1分钱,就可以培养出该明星1300万的身价。

实际上,虽然没有哪个明星能够有如此强大的效应,但即便是有百分之一的粉丝率，也有1300万人，在这1300万人中，如果有百分之一的人因为喜欢该明星所以购买了他代言的手机，那么按照这样的逻辑来考虑，就有13万人会购买该款手机，假如手机定价2000元，这样计算一下，带来的"明星效应"可以创造2.6亿元的销售额，至少销售13万部手机。在这万分之一的明星效应带动下，13万部手机已经是很大的比例了，而实际上，一些影响力大的明星所带来的同款购买效应要远大于万分之一这个数字，这也是近年来几大手机品牌紧盯年轻人关注的各种明星真人秀节目的原因所在。

诺贝尔经济学奖获得者加利·伯克尔的著作《口味的经济学分析》中提出过类似"明星效应"的理论，可以作为解释。说来非常有意思，伯氏理论的获得竟和他经常陪太太去餐馆有密切关系。当时，在加利福尼亚有两家海鲜餐馆。伯克尔发现他太太总有一个非常奇怪的习惯，就是在伯克尔看来，两家餐馆的饭菜口感和数量几乎完全一样，但是因为地段的缘故，其中一家餐馆总是人满为患，而另一家则经常是门可罗雀。而在两家餐馆中，他的妻子宁可排队等候座位被占满的那家，也不愿意去有大量空桌子的那一家，这一行为让加利·伯克尔相当感兴趣。

后来，经过细心的观察研究，伯克尔发现：理性的人们支持他们自己的生活方式，也就是说，是否理性取决于生活的方式。因此，不可能存在一个行动对于每个人都是理性的行动集。也就是说，消费者对某些商品的需求，取决于其他消费者对这些商品的需求。这也是他后来获得诺贝尔奖的基础理论之一，即"消费的示范效应"。

我们在生活中都会有这样的经验：几个朋友一起去逛商场，如果别人买了几百元的衣物，那自己在选衣物的时候，绝对不会看那些几十元的便宜货，甚至会"打肿脸充胖子"，宁愿自己下个月"吃土"，也要买跟朋友差不多档次的东西，因为在心理层面，买了便宜货，就跟别人的高档货形成了鲜明对比，甚至会导致别人"看不起自己"。

这里所表现的其实就是消费的示范效应。这样的情形非常普遍，因此日常生活中我们会看到消费者分成了许多群体，有许多消费者自觉不自觉地把自己算在一定的群体内，他的消费向这个群体内的其他人看齐，网络上那些不惜造假也要在朋友圈晒奢侈品、晒出国旅游的人，也是一样的心理。

在如今这个信息化高度发达的社会，消费的示范效应表现得越来越明显，对市场供求关系的影响也越来越大。比如说如今的"网红经济"，其实本质上就是示范效应。很多人争先恐后购买那些"网红"推荐的品牌，不管自己穿着好不好看，甚至不管自己的收入是否应付得起昂贵的名牌。这种"名牌效应"也是示范效应的典型现象，这完全可以解释为什么各种商家要不惜重金聘请明星和"网红"做商品广告了。

示范效应对于人们的影响其实还远不止如此，因为多数人有攀比心理，看到别人怎么做，自己就有做同样事情或者比别人做得更好的冲动。网络时代，示范效应更是被成倍放大，甚至随时都左右着人们的经济生活以及消费习惯。当消费者看到其他人因为"网红"或者明星的带动而购买高档消费品时，尽管自己的收入没有变化，也可能仿效他人扩大自己的消费开支，或者在收入下降时也不愿减少自己的消费支出。这样的心态往往会被商家利用，成为商家赚钱的捷径。

20世纪40年代，经济学界提出了"相对收入假说"。这一假说认为，消费者本人的收入和消费会在很大程度上受到周围人的收入和消费影响。在市场经济活动中，如果能够恰当地运用消费的示范作用，有时可以创造很大的需求，对经济生活起到积极作用。据中华全国商业信息中心分析称，目前90%的中国消费者表示在社交媒体中与他们喜爱的产品代言人互动，并且倾向于购买更多产品，而目前这一比例的全球平均数据为62%。

一些数据显示，当消费者从他们喜爱的明星那了解到某个品牌后，会驱动他们产生平常人2倍的意愿想与该品牌接触，4倍的意愿想去购买该品牌；有超过一半的消费者认为网络上的正面评论会促使他们更愿意去消费该商品。很显然，消费者的支出不是仅仅由自己的收入水平决定的，他们确实受到其他人的影响。与此同时，与传统的电视媒体相比，微博、微信等网络社交媒体已经成为影响年轻人消费的主要工具。

但是，消费的示范作用和消费者的从众心理如果发展得太过头，可能形成盲目的消费攀比，如果相应的商品供应不足，会形成抢购风潮。同时，因为一些消费者接受示范效应时，另一些消费者不断地起带头作用，所以，从经济学的角度而言，生产消费示范作用比较明显的产品和服务的企业，应该不断开发新产品，以便愿意领导消费新潮流的人有更多新的机会。

在市场经济条件下,特别是在商品供应比较丰富的情况下,消费的示范效应表现得越来越明显,对市场供求关系起着比较大的作用。在电视广告里,消费者看到别人漂亮的手机,于是把自己的手机丢了,就是受到了这种示范效应的影响。

其实,人们的社交属性决定了一个群体内总要有人带头,那些起带头作用的人,或者说引导消费新潮流的人,他们的消费心理与别人不同,不一定看人家怎么消费,甚至希望表现出与众不同,不愿意和别人穿一样的衣服,背一样的挎包,理一样的头发。他们喜欢标新立异。这样,有些人喜欢和别人一样,跟着潮流走,有些人喜欢和别人不一样,创造新的潮流,这也正是消费示范效应的社会化体现。

你适合超前消费吗

张小飞是一家企业的部门主管,月薪3万左右,虽然薪水水平也算"小康",可是他仍然觉得自己的经济状况有很大问题,并且时常觉得压力很大。

张小飞是从农村出来的,父母都是朴实的农民,张小飞是靠着自己的勤奋和实力,一步一步地才走到了今天的位置。2018年五一的时候,他在所在的城市买了一套三居室的房子。可是面对200多万元的总价，自己几十万的存款根本不够，所以他选择了商业贷款付费的方式，首付25%，剩下的部分贷款20年，然后每月向银行还贷。后来，因为准备结婚，他又贷款买了一辆15万的车，加上家里筹备婚礼，最少还需要20万。

毫无疑问，张小飞已经成了一个"负翁"。现在，他最担心的就是每个月月初，各式各样的催款通知如雪片般向他飞来。

如今这个社会，信用卡早已普及，人们对于"借贷"这件事也早已司空见惯。"先花再说，怕什么，我又不是没有能力赚钱。"很多人都喜欢说这样的话，做这样的事，可每到月底，面对各种各样的账单，只能说是"几家欢乐几家愁"，个中滋味只有自己知道。

这样的情况也跟社会大环境有关，如果你经常去大商场，你就会听到一些推销者总是喋喋不休地重复美国老太和中国老太买房的"寓言"来教育消费者。他们认为外国人贷款买房买车日常消费以及超前消费的意识是比较科学的，要让我们中国人也可以贷款买房，提前消费未来的钱，改变以前那种奋斗了一生，最后风烛残年买好了房子，却已经没命享受的现状。当然这也是一种消费观念，真实的情况究竟如何，我们不去探究，我们只需要弄清楚究竟哪种消费观以及理财观适合自己。

在经济发达的美国，许多有工作的人都享受着高薪带来的

第4课 洞察消费市场，有钱也要花在刀刃上

富裕生活，同时超前消费理念也让他们每年吃光、花净，以至于多年来银行的储蓄率一直都是零增长。只有当金融危机来袭时，才会让美国人惊醒超前消费带来的不便和严重后果。像张小飞这种情况在现实生活中处处都有，许多人接受了这种超前消费的意识，却难以承担起每个月要去还债的这种压力，他们只希望自己能享受到这种消费的快感，却经不起后续的还债压力。

所以并不是每一个人都适合超前消费，在自己消费之前一定要问清楚自己有这样的承受力吗？如果答案是否定的，那么就值得思考，不要盲目、贸然出手享受消费所带来的快感。过去，人们有钱就存起来，花的都是以前存下来的钱。现在，很多人正好相反，开始"寅吃卯粮"。不可否认，超前消费使很多人能提前享受生活，但如果不计后果地超前消费，就会影响以后的生活，毕竟，超前消费掉的钱还是要还的。

可是现在的人，尤其是年轻一族普遍秉持甚至奉行超前消费观念，不但买房买车要分期付款，买个几千元的笔记本也要分期。越来越多的人使用信用卡——东西先买了再说，反正还款还早呢！

父辈们常说"凡事要量力而行"，老一辈的人大都是反对贷款消费的。新时代的理财观念与时俱进，但常有人走了极端。其实张小飞就是一时冲动，享受了超前消费所带来的快感，可承担不起消费后留下来的债务。但不论是哪种消费观念，只要能改善自己的财务状况，其实就是好的观念。反之，如果不能使你获得财富，还让你欠了一屁股的债务，那么就是不适合你的。所以看

看你当前的经济状况，就知道你是否适合超前消费了。

以买房为例，买房往往是人生中最大的消费、最重要的投资，需要具备一定的经济实力，购买时必须根据自己的实际情况量力而行，以免造成沉重的经济负担。当然，要谁一次性付清全款买房都不容易，对普通的工薪阶层来说更是望尘莫及。真的要存够了钱再买房，可能已经一把年纪了，更何况收入的增长远比不上房价的涨幅，这种情况下，人们就会选择贷款买房，这也是贷款的魅力所在——融资！

如今，贷款购房已经成为一种趋势，被大多数人接受，并不是只有钱不够才贷款，那些经营资金不是很多、流动资金较紧张的人，即使存款足够买房，他们也不一定全部拿出来。比如手头有100万元现金，需要买一套80万元的房子，本可以一次性拿出80万将房子买下，再拿5万元装修，剩下的作为备用。但现实中，一般没有人这样做，而是拿出50万用于首付买房，再拿出来15万用于买车，5万元用来装修，剩下的30万除了存一些备用款外，可以作为经营的流动资金，只要资金运作投资回报率高于银行贷款利率就有盈利，而且现实中，大多数人的经营利润确实都比银行贷款利率高。以这种方式贷款购房，不仅有房子住，还有车子开，还有钞票赚，还款压力也很小，可谓一举多得。

贷款是有不少的优越性，但也不是人人都适合的，贷款之前要根据自己的实际情况慎重考虑。

第一，有能力购置的东西不应贷款，没有必要增加利息损失，除非你有更高收益的投资途径。

第二，心理承受能力差的人不宜贷款，因为我们的传统理财观念在脑海里根深蒂固，不是一两天就能完全接受外来的超前消费意识。我们大多数人都信奉"无债一身轻"的观念，所以不要盲目跟风，超前消费虽时髦，但不一定适合你。如果负债累累让你背上了沉重的心理包袱，反而得不偿失了。

第三，考虑还贷能力，不要陷入无力还贷的境地。

生活中，一些推崇超前消费的人往往财务状况一团糟，这也是拜那种"花钱无计划"或者"先花了再挣"的观念所赐。更重要的是，东西来之太易，人就会不太珍惜，且早已经养成了花钱不加节制的坏习惯。

从根本上说，超前消费并不是不可取，但对于一般工薪阶层来说，一定要找准自己的定位。我们说过超前消费不一定适合每个人的生活，所以根据自己的实际情况，自行定夺和量力而行，切不可为了一时的享受而追求超前消费，然后接下来就是举债度日。目前一些人所遭遇的困扰告诫我们：花明天的钱，圆今天的梦，或许并不是你最好的选择！

超前消费、贷款，不光只是实现当前目标的权宜之计，更应该成为鞭策自己挣钱致富的动力。只要你能够承受这种心理压力，而且有足够的能力偿还，那么贷款未尝不可，但如果承受不了，那还是"先苦后甜"，努力后再潇洒也不迟。找到适合你的消费方式，然后向自己的财富目标不断靠近。

省下来的钱，也等同于赚钱

2008年，在为汶川地震的捐款中，中国台湾台塑集团慷慨捐赠1亿人民币，为各个企业之首，而台塑总裁王永庆是出名的"小气鬼"——曾在多个场合多次强调"节省一元钱等于净赚一元钱"，这也被业界奉为经典的"王永庆法则"。王永庆居家节俭，甚至连日常使用的肥皂、牙膏都不许有半点浪费。而宴请宾客也极为低调，餐食中没有名贵菜肴，大多是春卷、油饼等传统小吃。

为什么说节约一元钱等于净赚一元钱呢？还是借用王永庆在台塑企业内最常讲的一句话来回答："多争取一块钱的生意，也许要受外在环境的限制，但节省一块钱，可以靠自己的努力，节省一块钱就等于净赚一块钱。"可见，赚钱这件事，不仅仅是赚别人的钱，也要赚自己的钱。赚自己的钱，就是恪守节约的习惯，省下的就是你赚到的。

看看现在人们在"浪费"上面的疯狂表现，我们也许就能明白为什么有那么多"月光族"了。有些人干什么都讲究排场，一场生日宴要花上几千，一桌大餐吃不了几口，动辄就买昂贵的奢侈品"装点门面"。在商场结账能把卡刷爆，好像不是在花自己的钱……这样大手大脚地浪费，又怎么能积累起财富呢？

第4课 洞察消费市场，有钱也要花在刀刃上

大仲马说："节约是穷人的财富，富人的智慧。"的确如此，节约其实就是赚自己的钱，如果你连自己的钱都赚不到，你又怎么去赚别人的钱呢？即使那些站在财富金字塔尖的人，在拥有了花不完的钱之后，也仍然恪守节约的习惯。

有一次，富可敌国的比尔·盖茨和一位朋友开车去希尔顿饭店办事。由于晚到一步，停车场没有了免费停车位。当时饭店旁边的贵宾车位空着不少，不过贵宾车位是以分钟为单位计费的。朋友建议把车停在贵宾车位。

"噢，这要花12美元，可不是个好价钱。"盖茨说。

"我来付。"朋友坚持道。

"这不是个好主意，他们超值收费。"盖茨认为费用太贵了，坚决不同意，最后他们把车开到更远处，停在了普通车位。

俄罗斯巨富米哈伊尔·普罗霍罗夫是一位拥有大约150亿美元的巨富。2010年5月，NBA批准他去正式收购新泽西篮网时，有记者问他："你的家是怎样的？公寓还是别墅？"

米哈伊尔·普罗霍罗夫回答说："那是一个很小的套房，有超过30年、大概35年的时间里我都住在45平方米的房子里，那真的是很小的。"

是比尔·盖茨付不起停车费吗？是米哈伊尔·普罗霍罗夫住不起大房子吗？当然不是，他们虽为巨富，但并不喜欢浪费，不

愿意花掉原本可以省下的钱。他们知道一点：省钱也是赚钱，省下的就是赚到的。

不过，反观我们周围很多普普通通的工薪族，却不太懂得这个浅显的道理。他们只是拼命地挣钱，而不知道节约。要知道，财富就像一个水池，挣钱是进水口，花钱却是出水口。只知道"开源"，而不知道"节流"，财富还是会溜掉的。相对于挣钱的辛苦和不受自己控制，节约却是一种更容易的赚钱方式。

曾经有人对美国的女性富豪们做过一次生活调查，结果发现她们都很节俭，大多数人的生活水准都低于她们的收入水平。她们对贵重的东西也没有太强烈的渴求，有一半的女富豪从来不买价格在139美元以上的鞋，或是超过399美元的套装；58%的女性富豪依旧使用剪下来的优惠券购买日用品，还有许多女富豪都曾经补过鞋。

其实，不论是百万富翁还是千万富翁，财富都是需要积累的。一元钱看起来不起眼，但是节约了就是收入，我们为什么放弃这样的收入呢？要改掉浪费的习惯，其实很简单。比如在可以讲价的地方，一定要学会砍价，省下的钱不就是赚的吗？再比如，平时在家里节水节电；外出吃饭的时候记住打包；尽量自己做饭，既健康又节省。

很多人之所以浪费，是因为他们拥有一定的金钱，认为自己是有钱人，认为有钱人就应该过奢侈的生活。李嘉诚拥有百亿财富，却会把普通的白衬衫和蓝西服作为日常的穿着，会与人分吃餐桌上剩下的两片西红柿。对于一般的小富之人，甚至还挣扎在奋斗之路上的人们来说,又有什么理由浪费呢?

不要觉得浪费一点没什么,对自己的财富积累影响不大。如果你觉得浪费的坏习惯不足挂齿,那么你很难管住自己的钱袋子,也就很难积累起发财致富的基础。要想提升自己积累财富的速度,就从节约一元钱开始吧!

"每天一款特价菜"的意义何在

广州花园酒店附近有一家南海鲜酒家,初建成时酒家装修得一派豪华,没想到却出师不利:酒家开张后生意平平,仅仅三个月的时间,竟亏损了二十多万元港币。踌躇满志的老板徐峰实在想不通,酒店地处闹市区,为什么生意竟会如此惨淡!是酒店的门面装修得不够档次?或是店中的服务员素质不够?还是店里做的饭菜味道不好,分量不够?所有的可能性被一一筛过,似乎都不是。那么,到底是为什么呢?

这天,徐峰来到街上散心。偶然间看到西壕二马路有两家时装店,其中一家门庭若市、生意兴隆;另一家却门可罗雀,生意冷清。反差如此之大,一种职业的敏感促使他要走进两家店铺看个究竟。

原来,生意兴隆的那家店里面除了卖高档服装外,还另辟了几款特价服装,或八折或五折优惠出售。看到这些,徐峰眼前一亮:何不效仿服装店的做法来解决酒店经营不理想的问题?经过紧张筹备,徐峰的南海鲜酒家每天推出一款特价的海鲜菜,其价格远远低于同行的价格,并通过新闻媒介大肆宣传。这一招果然灵验,不出半个月,顾客竟神奇般地多了起来,很多食客觉得特价菜既便宜又新鲜,甚至专门慕名前来。

和许多人所顾虑的一样,这样低廉的菜价的确让酒店有所损失,比如基围虾的市价是每市斤86元,而南海鲜酒家降价后只卖46元,不但无利可图,还要赔进去将近一半。然而事实上,食客们来此一趟往往绝不会单单要一道特价菜吃完了事的,谁能不再要上几个别的菜?特价菜上损失的,在别的菜上却暗暗补了回来,而且还要让食客们觉得价钱便宜、公道。

就这样,南海鲜酒家一时间成了羊城人一吃为快的好去处,一炮走红了广州城。徐峰在"美食周"一个月内,单单基围虾就销出了4吨,而他所赚的钱,就更可想而知了。

低廉的价格对消费者永远具有吸引力,以此作为赚钱的诱饵,则是一种常见的经营手法,关键是要做得巧妙。时至今日,徐峰这种"每天一款特价菜"的经营方式已经被众多有识商人奉为"生意心经"。其根本就在于,以一方之损失,赢取多方之利润。

第4课 洞察消费市场，有钱也要花在刀刃上

这样的经营手段对于商家来说是一种盈利模式，而对于普通消费者来说，很多时候一不小心就容易"入坑"。比如为了优惠券而消费，为了某款特价商品而被搭配销售其他不需要的东西，再比如KTV的免费送瓜子、爆米花而酒水却价高得离谱等。这些都是利用了消费者贪小便宜的心理来提升自己的营销利润。

很多时候遇到促销，我们没有看好自己的钱袋子，结果呢，衣服买便宜的，穿了穿又觉得不好，于是再花钱买一条；买菜觉得菜场贵，去街边小贩，结果菜的质量良莠不齐最后反倒吃了亏……这种案例比比皆是，就是因为我们没有看透那些消费陷阱。

比如商场里，很多的打折商品都是即将过期的产品。在超市我们看到打折最多的就是酸奶，有些超市还专门为此设立了一个打折专区。虽然折扣是省了钱，但是这种临期食物会给食用者带来或多或少的安全隐患。另外，在购买临期食品之后，要在保质期之内食用完，也会给人带来一定的心理压力。如果一旦过了保质期还没有食用完，那只能扔掉。从经济学的角度来讲，购买临期产品也算得上一种风险投资了。

所以我们一定要熟悉商家的一些促销"套路"，看清其背后的经济学原理：我先给你一点点的小利益，让你尝到甜头，然后我再慢慢地把你引导到消费"套路"中来。因此，在利益面前，我们还是要把控好自己，有些小便宜还是不要去贪图。

我们日常的消费行为，一定不能因为打折和优惠而忽略了自己真正的需求，只有真正地做到物有所值才是对自己最大的优

惠。面对诱人的折扣，我们不妨牢记"紧急又重要才值得买"这个标准。而沉迷于"打折省钱"的背后，暴露出的是一个人消费中缺乏自控力和克制冲动消费的能力以及一个人如何对待金钱的态度，这其实也反映出一个人的理财观念，当你能够从容自如地花钱，将每一分钱都花在"刀刃"上，生活品质才会不断提升。

第5课 掌握投资法则,规避资产风险

投资的风险可以说无处不在,有的人轻松获益,有的人则深陷赔钱泥淖。我们不妨来认识一下投资领域的残酷和危险,同时了解相应的应对措施和具体的情形。毕竟,要想成为投资高手,最大限度地积累自身财富资本,从来都不是一件容易的事情。

投资，收益与风险并存

2003年4月，当时正值中国股市低迷时期，巴菲特以每股约1.65港元的价格大举买入中石油H股23.4亿股。4年之后，"股神"连续7次以13.47港元的均价抛空所持有的中石油股票，净赚了277亿港元。随后中石油的股价经历大起大落，最终跌至10元人民币以下，并持续至今。回顾"股神"对于时机的把握，不得不让我们佩服巴菲特的远见。巴菲特所推崇的投资理念中有这样一句话："以一般的价格买入一家非同一般的好公司，远远胜过用非同一般的好价格买下一家一般的公司。"这句话看似简单，实则蕴藏着"股神"对于投资深刻的见解。

"股神"巴菲特曾经说过，投资首先要逆向思考，首先考虑的是如何避免风险，而后考虑的才是如何获得盈利，这其实代表了一种超前的投资理念。中国有句古话叫作未雨绸缪，说的是在事情到来之前就做好应对准备，这对于投资而言同样是必不可少的。在炒股这件事上，巴菲特之所以能够看得更远，只是因为他坚持自己的原则。他的投资慎之又慎，因此必须尽量排除情绪的因素，最好远离市场，搬到偏远的小镇以隔离华尔街的喧嚣。他要以最实惠的价格买到最好的公司,因此需要有足够的耐心和智慧,做足功课。这些都与每天"上蹿下跳"的股市K线图无关。

对于巴菲特而言,投资看重的是长期的稳定回报,而不仅仅是短期内对风险因素的技术性盈利,前者可以称之为投资,而后者只能称之为投机。巴菲特曾经在原油期货市场上一掷千金、几进几出获取巨额利润,有些人觉得这种行为绝对可以说是对能源市场的投机。但事实却是巴菲特并没有试图通过控制与原油相关的金融产品的价格去牟取暴利,而是通过投资、经营基础产业的形式增加能源市场的供给,从而促进能源市场价格稳定,然后进一步去谋求长期的、整个行业的成长性获利,这种目光长远的投资战略绝非鼠目寸光的投机把戏可比。

对于普通投资者而言,一定要意识到投资的收益与风险是同时存在的,尤其是股票投资具有高风险、高收益的特点。理性的股票投资过程,应该包括确定投资政策、股票投资分析、投资组合、评估业绩、修正投资策略五个步骤。股票投资分析作为其中一环,是成功进行股票投资的重要基础。

第一,确定投资策略。股票投资是一种高风险的投资,人们常说"风险越大,收益越大",换句话说,也就是需要承受的压力越大。投资者在涉足股票投资的时候,必须结合个人的实际状况,订出可行的投资政策。这实质上是确定个人资产的投资组合的问题。投资者应掌握好以下两个原则:

风险分散原则。投资者在支配个人财产时要牢记:"不要把鸡蛋放在一个篮子里。"与房产、珠宝首饰、古董字画相比,股票流动性好,变现能力强;与银行储蓄、债券相比,股票价格波幅大。各种投资渠道都有自己的优缺点,尽可能地回避风险和实现收益最大化,成为个人理财的两大目标。

量力而行原则。股票价格变动较大,投资者不能只想盈利,还要有赔钱的心理准备和实际承受能力。《证券法》明文禁止透支、挪用公款炒股,正是体现了这种风险控制的思想。投资者必须结合个人的财力和心理承受能力,拟定合理的投资政策。

第二,进行投资分析。受市场供求、政策倾向、利率变动、汇率变动、公司经营状况变动等多种因素影响,股票价格呈现波动性、风险性的特征。何时介入股票市场,购买何种股票对投资者的收益有直接影响。股票投资分析成为股票投资步骤中很重要的一个环节。股票投资分析可以分为基本分析法和技术分析法,其目的在于预测价格趋势和价值发现,从而为投资者提供介入时机和介入品种决策的依据。

第三,确立投资组合。在进行股票投资时,投资者一方面希望收益最大化,另一方面又要求风险最小,两者的平衡点,亦即在可接受的风险水平之内,实现收益最大化的投资方案,构成最佳的投资组合。

根据个人财务状况、心理状况和承受能力,投资者分别具有低风险倾向或高风险倾向。低风险倾向者宜组建稳健型投资组合,投资于常年收益稳定,低市盈率,派息率较高的股票,如公用事业股。高风险倾向者可组建激进型投资组合,着眼于上市公司的成长性,多选择一些涉足高科技领域或有资产重组题材的

"黑马"型上市公司。

第四，评估投资业绩。定期评估投资业绩，测算投资收益率，检讨决策中的成败得失，这在股票投资中有承上启下的作用。

第五，修正投资策略。随着时间推移，市场、政策等各种因素发生变化，投资者对股票的评价，对收益的预期也相应发生变化。在评估前一段业绩的基础上，重新修正投资策略非常必要，如此又重复进行确定投资政策、股票投资分析、确立投资组合、评估业绩的过程，股票投资的五大步骤相辅相成，以保证投资者预期目标的实现。

其实，我们在投资方面的风险管控就是一个分析确定风险的过程。因为任何一种投资行为都是个长期、复杂、系统的过程，其风险必然是客观存在的。在项目实施投资过程中，对任何一个运行环节如不进行严格控制，风险就随时可能发生。因此，我们进行项目投资风险管控是为了系统全面研究这个项目在实际的执行过程中面临什么风险，有多大风险以及应该采取什么样的措施去减少、控制并有效规避风险的途径。

"高风险带来高利益"这句话是投资行业尤其是风投领域奉行的一贯准则，最关键的是如何识别以及预测风险，并将风险控制在自己可以接受的范围之内。而大部分人可以接受的风险标准就是：风险的程度是否与预期收益相匹配。同时，也只有精确的、可靠的、科学的风险预测分析结果，才能针对未来有可能出现的风险提出防范的措施和解决的办法，避免可能带来的财富损失。

通常来说，期货、股票、基金、保险、存款、金条、外汇等，每一种投资都是会有风险的，所以个人要根据自己的实际情况量力而行，根据自己的资金情况和风险承受能力选择适合自己的投资方式，不能盲目地随波逐流，也只有严谨、客观的投资态度，才能把投资风险管控的作用发挥到最好，从而最大限度地保障我们的财富。

给自己的人身财产安全加上一份保险

"未雨绸缪"是人生理财的重要内容。由于未来可能遭遇各类风险，比如疾病、失业等，虽然只是"可能"，对每一个人而言却至关重要，为此早做准备是理所当然的。因此，年轻人从长远的角度来考虑，应该重视保险这一投资手段，选好保险抵御投资风险。一般而言，保险买得越早越合算，不但交费少，受益时间也长。因此，年轻人在做投资规划的时候，千万别忘了买保险。

保险是指投保人根据合同约定，向保险人支付保险费，保险人对于合同约定的可能发生的事故因其发生所造成的财产损失承担赔偿保险金责任，或者当被保险人死亡、伤残、疾病或者达到合同约定的年龄、期限时承担给付保险金责任的商业保险行为。

保险具有经济补偿、资金融通和社会管理功能，这三大功能是一个有机联系的整体。经济补偿功能是其基本的功能，也是保险区别于其他行业的最鲜明的特征。资金融通功能是在经济补偿功能的基础上发展起来的。社会管理功能是保险业发展到一定程度并深入到社会生活诸多层面之后产生的一项重要功能，它只有在经济补偿功能和资金融通功能实现以后才能发挥作用。

作为以经济补偿功能为基础的业务，保险业的特色和核心竞争力具体体现为两个方面：

第一，财产保险的补偿。保险是在特定灾害事故发生时，在保险的有效期和保险合同约定的责任范围以及保险金额内，按其实际损失金额给予补偿。通过补偿使得已经存在的社会财富因灾害事故所致的实际损失在价值上得到补偿，在使用价值上得以恢复，从而使社会再生产过程得以连续进行。这种补偿既包括对被保险人因自然灾害或意外事故造成的经济损失的补偿，也包括对被保险人依法应对第三者承担的经济赔偿责任的经济补偿，还包括对商业信用中违约行为造成经济损失的补偿。

第二，资金融通的功能。资金融通的功能是指将形成的保险资金中的闲置的部分重新投入到社会再生产过程中。保险人为了使保险经营稳定，必须保证保险资金的增值与保值，这就要求保险人对保险资金进行运用。保险资金的运用不仅有其必要性，而且也是可能的。一方面，由于保险保费收入与赔付支出之间存在时间差；另一方面，保险事故的发生不都是同时的，保险人收取的保险费不可能一次全部赔付出去，也就是保险人收取的保险费与赔付支出之间存在数量差。这些都为保险资金的融通提供了可能。保险资金融通要坚持合法性、流动性、安全性、效益性的原则。

此外，在经济学层面，保险的作用主要是在微观经济中的作用和在宏观经济中的作用。保险在微观经济中的作用主要体现在保险有利于受灾企业及时恢复生产，有利于企业加强经济核算，有利于企业加强危险管理，有利于安定人民生活，有利于民事赔偿责任的履行。保险在宏观经济中的作用主要体现在保障社会再生产的正常进行，推动商品的流通和消费，推动科学技术向现实生产力转化，有利于财政和信贷收支平衡的顺利实现，增加外汇收入，增强国际支付能力，动员国际范围内的保险基金。

保险的特征主要有互助性、契约性、经济性、商品性和科学性。互助性主要通过保险人用多数投保人缴纳的保险费建立的保险基金对少数受到损失的被保险人提供补偿或给付得以体现；契约性是指从法律的角度看，保险是一种契约行为；经济性是指保险是通过保险补偿或给付而实现的一种经济保障活动；商品性是指保险体现了一种等价交换的经济关系；科学性是指保险是一种科学处理风险的有效措施。

对于许多人来说，尤其是那些拥有一定数量财富的人，财富管理不仅仅要考虑金钱收益的问题，除此之外，后期保障问题也是相当重要的。既然自己那么多资金投入到了资产运作上，绝对不允许将自己苦心经营下的钱因为各种突发事件而在顷刻之间化为乌有。因此很多有钱人都会为自己购买相当高的保险理赔项目。其间除了自己自身健康问题的理赔外，还有诸多意外伤害、房产意外保险、投资意外保险理赔等多种保险机制构架体质。

很多成功人士之所以会涉猎如此多的保险种类，主要就是为了更加有效地防范风险。一旦遇到突发事件，自己也不会因此而出现什么难以应付的状况。当然任何人买保险都不希望理赔的一天到来，因为那一定是自己倒霉的时候，但保险机制却常常可以让我们在这个时候庆幸无比，因为尽管自己受了损失，可生活却似乎与往昔一般，没有什么太大差别。

目前保险市场上的绝大多数保险产品基本是理财功能和保险功能相结合的产品。因此，购买保险就是理财的一种方式。同时，购买保险也是一个人家庭责任感的一种体现。目前国内绝大多数单位都为雇员购买了基本的社会劳动保险，因此，它还是一个人社会性的体现。

从经济学的角度来说，保险也是一种理财，能够对我们日常的基本生活加以保障，要全面考虑一系列的理财策划，做到投资和保障两者兼顾。所以说理财的第一步其实应该是保险方面的资金投入，而投资理财则应该放在保险投资之后。因为无论是何种方式的投资，都是具有一定风险的，我们应该把投资看作即便是万一损失都不会影响到我们正常生活的理财方式。

作为未来生活上的保障，保险投资才应该是理财的第一步，个人理财最好要有充足的保险策略作为后盾和保障。对于我们个人可以接受的保险投资来说，医疗保险、人寿保险等保险都是个人保障的很好选择，可以真正让我们做到"花今天的钱，锁定未来的财富"。

那些与我们资产相关的金融产品

一年前,在一次投资交流活动中,一位银行理财师分享这样的心得:有时候,客户是简单地把萝卜和白菜进行比较,他们根本没有耐心去了解收益率与风险之类的概念,这让人很是苦恼……

这位理财师前不久帮客户林先生做了一套全面的投资理财规划方案。在和林先生的沟通中,理财师发现他的投资风险意识很强,是个典型的风险规避型的理财投资者。根据林先生的风险偏好和承受能力,并且也考虑到林先生的年龄接近退休,于是理财师就结合他的一些理财目标,为他推荐了几款风险相对较低的投资产品,主要是一些偏向于债券类的产品,收益率不高,但是相对比较稳健。

然而,让这位理财师感到为难的是,林先生对于他所推荐的产品并不满意。林先生觉得,自己找专家投资的目的就在于找到收益率更高的产品,而理财师为自己推荐的产品年收益率不足5%,实在让自己无法接受。

林先生的这种投资观念其实并非个案,很多投资者在进行投资产品的选择时,往往出现极为矛盾的心理——既害怕承担风险,又希望能找到高收益的产品。殊不知,收益和风险是同一枚硬币的正反面,它们相依相存,无法割裂,任何一种只看重收益而忽略风险的投资观念都是非常片面且错误的。

如今,投资理财方面的产品和渠道非常多,尤其是近几年来,各种各样的理财产品以及理财渠道可谓是让人眼花缭乱,按照投资周期来分,有短期投资产品,也有长期投资产品,那么如果我们决定去进行投资,究竟应该将眼光投向哪里呢?

人们常说做事情要放长线才能钓大鱼,投资也是如此,假如你真的想转瞬间赢得高收益的回报,那肯定要大失所望。投资不是赌博,而是一种在经济学范畴内的财富运作方式。它能够在最大限度地保证我们市值安全的同时,潜移默化地在我们整个人生财富的积累中起到重要的作用。

既然投资是一种长期的运作过程,当下的金融产品又是如此的花样繁多,面对这样一个多重选择的投资时代,我们究竟应该怎样锁定目标,获得更长远的投资收益呢?无论是长期投资还是短期投资,保值增值才是我们最希望实现的目标。因此,我们在选择金融产品时必然要保持定力,即便是暂时出现一些跌落现象也要将目光着眼未来,绝对不要轻易地放弃或抛售。

如今市面上的金融商品按照不同的经济行为可以进行如下分类:

第一,按发行机构划分,有直接融资工具和间接融资工具。前者如政府、企业发行或签署的国库券、企业债券、商业票据、公司股票等；后者如银行或其他金融机构发行或签发的金融债券、银行票据、可转让大额定期存单、人寿保险单和支票等。

第二，按金融工具的职能划分，有股票、债券等投资筹资工具和期货合约、期权合约等保值投资工具等。金融工具是指在金融市场中可交易的金融资产，不同形式的金融工具具有不同的金融风险，但都具有用来证明融资双方权利义务的条约。

第三，按期限长短划分，有货币市场金融工具和资本市场金融工具。前者期限短，一般为1年以下，如商业票据、短期公债、银行承兑汇票、可转让大额定期存单、回购协议等；后者期限长，一般为1年以上，如房产投资、贵金属投资、基金收益等。

以房产投资为例。金融环境越是不稳定，不动产的保值作用就会越明显。由于房产属于实物资产，不管到什么时候都会有一定的稳定价值，因此很多投资者都将钱用在了房产投资上，除了投资公寓、写字楼，还有很多有实力的投资者将目标投资在商铺店面上。其主要原因除了看重房产不会轻易贬值的特质，更重要的是它还能为自己定期收获一笔可观的租金。这样一来，随着房屋租金的按月支付，自己在房子上的贷款和早先投入资金压力就会逐步降低，再加上不动产本身的保值作用，必然会给自己带来更高额的长期收益。

近年来，由于考虑到整个世界大环境的货币方面的风险，贵重金属买卖渐渐进入了众多投资者的视野。由于贵重金属为实物买卖，而且相对而言比较稀有，相比之下切实保障了投资者稳定、安全、长期受益的投资要求。单独以实物黄金为例，随着金融危机和很多发达国家通货膨胀的影响，当下的市值已经比早先翻了很多倍。由于是实物贵重金属，走的是国际金价路线，任何国家都很难通过自己的金融运作模式加以控制。因此，越是在经济动荡的时期，实物贵金属的保值增值作用就会越加显现出来。因此就其整体的稳定安全性而言，贵重金属不失为一个可用来长期投资的选项。

此外，基金收益也是一个相当重要的长期投资渠道，不过，由于基金的运作相对复杂，就必然要求基金管理人具有相当丰富全面的证券知识，能对证券价格的走向做出大致准确的判断。一般来说，基金管理人都具有基金收益方面较强的专业知识，能掌握更全面的信息，因而比个人投资者更有可能取得较多的资本利得，即便有时也有一定的操作风险，但只要投资者能够秉持长期持有观念，不断地定期投入，必然会为自己赢得一个长期收益。

关于投资，应关注的是找到适合自己的金融工具，也可以说是投资手段，其涉及的项目种类不仅应包括针对我们人生中生老病死等所引起的种种经济危机和财务问题以及我们在日常生活中创造财富、资本运作、财富传承等方面的投资手段，还应当包括投资计划、保险投资、退休投资、遗产投资等金融工具，而不仅仅是局限于某一个项目或者行业。

有一种方式叫低风险也赚钱

阿里巴巴上市之前，马云曾经拒绝了38家投资者。马云认为，这些投资者们对管理层不够信任。他希望投资者和企业管理者应该各司其职，所以，他拒绝了他们，后来找到了符合马云要求的高盛。

马云向广大中小企业代表介绍创业的经验教训时，诚恳地提出三个核心问题：你想做什么、该做什么和能做什么。

马云称，阿里巴巴网站在上市前，他们对认购的预期是400亿美金，没想到，在第一站香港路演后就募集到360亿，随即在新加坡达到600亿，走到纽约已经募集到1800亿。

"我们最初预定的发行价是12港元，人家看到这么好的路演情况，说发行24元都可以！每股多一元就多10亿啊！我们若将发行价提高到24元就会比预期多出120亿！这是多好的发财机会！"马云当晚召集团队开会，告诉他们，人要在诱惑面前学会说"No"，贪婪一定会付出代价，最后把发行价定在13.5港元。

马云是非常理性的，他抵抗住了巨大的诱惑。因为他知道，24元的发行价的确可以募集到更多的钱，但上市后公司的业绩增长一旦支撑不了这么高的价格，投资者一定选择"用脚投票"，这时候公司的股票就会变得一文不值，到那个时候，财富就是过眼云烟了。因此，马云选择了低风险赚钱，以稳妥为主，最终给出了漂亮的业绩曲线。

对于个人投资而言，既要全面，又要最大限度地保障财富的安全性，就必然要有一套系统全面的投资风险管控措施。有专业人士从经济学角度提出了"风险金字塔"的概念，意在指导人们根据投资项目风险的不同，合理安排投资额度以及优先等级，从而达到规避风险的目的。在这个世界上并不是站在顶端就会风景独好，面对承受风险这件事，每一个人都应该为自己选择一个最合适的地方。

所谓"风险金字塔"，就是按照自身财富实力的具体情况，区分不同风险程度的投资比例，整个投资计划由风险最低、占比例最多的投资部分作为投资金字塔最底层的基础，然后按照风险的提升，逐渐减少投资比例，这样下来，整个投资计划就会呈现一个金字塔状的组合。种种实践表明，这种金字塔状的投资理财组合，是最有利于投资风险管控的。

在我们构建投资风险金字塔时，首先要遵循的就是搭建一个宽广厚实的塔基。而宽广厚实的塔基就是理财中相对保守的部分，它通常应该由货币型基金、债券型基金等低风险、高流动性的理财品种组成。其中，货币型基金尤其值得关注，零申赎手续费、赎回款隔天到账、收益稳定等特点，使其在流动性和安全性方面都具有很大优势。这是坚固的"防守"基石，低风险、低回报，但是却可以最大限度地保证我们的财富安全，确保我们的正常生活。

事实证明，金字塔式的投资风险规划不仅可以让我们手中的财富在低风险的规划下更加稳定，还可以让我们在每一步骤中获得不少重新整合规划的灵感。我们说不管什么时候，有收益的地方就会存在着收益之下的风险，要想得到最高端的收益就必须要爬得很高，而要想在自己爬得很高以后不至于因为风险而遭受损失，那么必然就要事先将每一个低风险的"垫脚石"砌得牢固。倘若我们真的可以将大部分的投资风险都控制在一个比较低的水平，即把我们的风险金字塔基础建设得相当牢固，那最终站在投资收益金字塔的顶端也就是水到渠成了。

"鸡蛋"到底放不放在同一"篮子"里

鸡蛋该不该放在一个篮子里？这是一个让很多投资者踌躇的问题。历来的投资理念总是在告诫投资者："鸡蛋不要放在一个篮子里。"然而这句话在金融界也不是放之四海而皆准的，总是需要具体问题具体去分析，不能够一概而论。

通常而言，"鸡蛋不放在一个篮子里"这句话，在炒股、炒基金、炒汇等诸多投资品种的选择方面无疑是正确的，但是任何事情都有其两面性，比如拿股票投资本身而言，如果盲目地采取大盘小盘绩优绩差分散投资的策略，反而会有事与愿违的危险。因此，鸡蛋到底放不放在同一个篮子里，并不会有一个简单特定的"是"或者"不是"的答案，而应该综合各方面的具体情况去分析。

在微软总裁比尔·盖茨的投资理念中，首先，他不会将鸡蛋同时放在同一个篮子里，因为他很清楚，如果把"鸡蛋"仅放在一个"篮子"里，一旦这个"篮子"出现意外，那么所有的"鸡蛋"都很难幸免于难。所以比尔·盖茨倾向于进行组合投资。

和大多数投资人一样，比尔·盖茨也遵循分散风险的投资模式。他不仅投资股票、债券这些金融项目，而且还进行房地产的投资，当然还有对公司的直接投资。根据调查，比尔·盖茨把他设立的两大基金的绝大部分都投在了政府债券上。在除股票以外的个人资产中，比尔·盖茨投资政府和各大公司的债券所占比例就高达七成之多，而剩下的部分投到了股票上以及商品和房地产上。

放眼投资界，像比尔·盖茨这样把分散投资做到极致的成功者不在少数，然而全球知名投资商巴菲特却说过另外一句话："投资者应该把所有鸡蛋放在同一个篮子里，然后小心地看好它，因为在时间和资源有限的情况下，投资决策次数少的成功率自然比次数多的要高，就好像独生子女总是比多子女家庭所受的照顾多一些。"

很显然，巴菲特先生的这个观点与比尔·盖茨的有很大的不同，甚至可以说是相反的。巴菲特的投资持股是相当集中的，80%的市值分布在几只大家都耳熟能详的股票里。如果有一家最好的公司，同时也能承载伯克希尔的全部资金，巴菲特不介意把钱都放进去。巴菲特说："如果市场容量允许，我没有理由很看好一家公司，却还要把钱放进第二、第三个一般看好的公司里去。"

表面上看，巴菲特似乎和比尔·盖茨发生了分歧，其实双方都没有什么错，因为投资理财的诀窍没有放之四海皆准的真理，只不过每个人所站的位置不同而已。比如巴菲特是国际公认的"股神"，自然会有信心重仓持有股票。而我们作为一名普通投资者由于自身精力有限，知识有限，是很难对投资对象有专业深入性研究的，此时分散投资不失为明智之举。

另外，巴菲特集中投资的策略基于集中调研、集中决策。在时间和资源有限的情况下，决策次数多的成功率自然比决策次数少的要低，就好像独生子女总比多子女家庭所受的照顾多一些，长得也壮一些一样。而巴菲特对于分散投资也表达过自己的意见："需要分散风险的特殊情况是，当投资人并没有对任何单一产业有特别的熟悉，不过他对美国整体产业前景有信心，则这类投资人应该分散持有许多公司的股份，同时将买入期间隔开，例如，通过定期投资指数基金，一个什么都不懂的投资人通常都能打败大部分专业经理人。"

鸡蛋集中在一个篮子，从另外一个角度来说也可以说是一种极端的说法，并不意味着一定需要集中全部资金买卖某一只股票。即使是基金等大资金的集中投资也会同时涉及几个热点行业和热门股票，这不仅有利于避免"撞车"，而且还可以收到交替受益之利。不过在趋势明朗的条件下，对于资金量较小的散户投资者来说，趋利比分散风险更为重要。如果不敢追逐热点，无异于隔靴搔痒，这样的投资风格显然是不足取的。但鸡蛋集中在一个篮子毕竟也是有风险的，并不是所有散户投资者都能够很好掌握这样的操作风格。散户投资者如果采用集中投资法，要懂得规避风险，见好就收。同时，散户投资者虽然没有必要面面俱到，但适当掌握热点轮动的特点，注意波段操作，也不失为较为稳健的策略。

其实关于鸡蛋和篮子的问题，我们也可以用一个浅显的例子来加以描述。首先，按照比尔·盖茨的分散投资理论，把鸡蛋放到许多不同的篮子里，然而我们每一个人的体力是有限的，篮子多了，必然也会出现力所不及的情形，无论哪个掉地上了，损失都是实实在在的，我们并不会因为还剩下的鸡蛋而开心。相反，有可能心情更紧张，手忙脚乱而打碎了其他的鸡蛋。其次，每一个人的精力也是有限的，篮子多了，不可能对每个篮子都照顾到，有的篮子出现破损或者篮子里的鸡蛋出现问题也不一定能够及时发现，这也是造成投资损失的一个因素。而按照巴菲特的建议把所有鸡蛋放进同一个篮子的话，我们虽然会因为精力和体力的集中而对这个篮子照顾得更好，但是存在的问题是，篮子是有出现问题的可能的，一旦篮子破了，我们面临的将是所有鸡蛋的损失，这个风险也是实实在在存在的。因此，关于鸡蛋和篮子的选择问题，始终是存在争议性的，并没有一个固定的结论。

创造财富不容易，保住财富同样也很难。所以在当今的投资界，没有任何一种方式能使财富绝对安全。那么，我们究竟应该如何处理自己的财富呢？是学习比尔·盖茨把鸡蛋尽量分散放？还是按照股神巴菲特的建议集中财富去运作？这可能是很多投资人所面临的困惑之一。好的理财方法会使你的财富增值效率最大化，会使你的财富不断地稳定增加。选择理财方法，最忌讳急于求成。要把眼光放远点，好的理财方法，财富的增加像倒金字塔形，最初是慢慢地，但却是越来越快地增加。各种理财方式的投资比例是需要精心研究的。总之，中国人的钱正在走出银行，走向四面八方，去寻找新的更好的生存发展空间。

富达公司的副主席、富达基金托管人董事会成员之一的彼得·林奇在早期投资过程中是一名疯狂的分散投资基金经理，他所掌管的基金投资组合1983年共包括900种股票，后来更增加到1400种。他就像一条巨大的蓝鲸，吞食一切有利于它成长的东西。

彼得·林奇把传统的基于经济"概况"的信托公司的那一套东西统统抛在脑后,他们把投资组合分为周期性的、公用事业性的等类别,而林奇则完全避免在股票和准备金之间、在产业部门之间做有意识的"资产分配"。然而,对他的证券组合,林奇有自己独创的见解。在股票当中,林奇分了四个基本类别:第一,成长型公司,林奇谋求从中赚取两到三倍的利润。第二,低价资产的"赌博"、"价值"股票或收益稳定增长的热门股票。林奇希望从中迅速赚得1/3左右的收益,然后他可以立即转移资金。第三,特殊情况及萧条的周期性股票。第四,防御型股票,林奇对它的偏爱超过现金。当市场行情降到最低点时,如果一位市场投资者用现金的方式拥有其证券组合的50%,在市场行情好转时,他可能要错失许多行动良机。

彼得·林奇在自己总结的25条黄金规则中谈道:"持有股票就像养育孩子——不要超过力所能及的范围。业余投资人大概有时间追踪8至12家公司,不要同时拥有5种以上的股票。"林奇的这个转变也表明了他在长期的投资过程中对于"篮子"以及"鸡蛋"的思考和领悟,也表明了在林奇看来,投资的集中和分散,是没有一个固定模式的,需要每个人根据自己具体的投资状况去决定哪种方式更加适合自己。

关于鸡蛋和篮子的问题,我们还是要综合来看。比尔·盖茨和巴菲特作为金融投资领域的顶尖高手，虽然取得的成就同样辉煌，但是投资理念却截然不同。如果我们非要把他们两个的投资理念做一个比较、分一个高低的话，我想我们已经走上了错误的方向。因为就如同金庸笔下的武林高手一样，没有任何两个高手的武功套路是相同的，理财之道也是如此。正所谓殊途同归，无论是鸡蛋放在不同的篮子里还是放在同一个篮子里，只要我们有眼光选好篮子，有能力照顾好鸡蛋，相信结果都会让我们的投资之路走得更加顺畅。比尔·盖茨和巴菲特正是看到了篮子和鸡蛋的这种本质，所以才能够在投资领域取得如此辉煌的成就。

如何做到"涨也赚钱，跌也赚钱"

投资这件事，特别是股票基金一类的理财产品，归根到底就是"买""卖"二字，看起来简单，但难的是"什么时候买""什么时候卖"。首先，作为投资者，一定要在整个投资过程中保持清醒的头脑，既不要被"利空"所伤，也不能为"利多"陶醉；其次，投资者要做好逆向思维的准备，很多时候，市场总是在一片笑声中走向反面，在朴素平淡中孕育着希望；再次，投资者一定要坚信市场是不可能被持久地精确预测的，因为没有人可以把握市场的细节，我们只要抓住一年中两三个好时机就足以成为令人羡慕的成功者。

以股市为例,涨了就有钱赚,跌了就要赔钱,大部分人梦寐以求的,就是想知道股市什么时候能够大涨,然而却总有那么一些投资高手,无论市场行情如何波动,他们都能够从中获得收益,按照他们的话说,是"利用涨跌幅度赚钱",那么其中必然是大有乾坤的。

而提到涨跌,想必大家感触最深的莫过于股市了。一般而言,股市中人是愿意看"涨"而厌恶看"跌"的,无奈股市阴晴难以预测,很多时候明明看涨的股票买入之后却一路下跌,狠心抛售之后却又逆市猛涨。因此要想预测股市走向,并非是普通人所能做到的,也正因为如此,买"涨"成为很多股民的一大愿望。不过也有人通过对股市涨跌走向的观察和分析,提出了另一种理论,即利用股市走向的涨跌幅度去操作获利。

这种理论听起来可能让人有些难以接受,股票涨了可以赚钱这个大家都知道,那么股票跌了居然也能够赚钱,这个又是怎么回事呢?这其中其实是利用了股价涨跌幅度不对称的现象。

在经济学中,价格涨跌幅度不对称,是指这样一种现象:例如,起点价格100,先从100跌到50,再从50涨到100。这样的下跌和上涨的过程,从金额上是对称的,下跌额和上涨额都是50,但是从幅度上是不对称的,下跌的跌幅是50%,上涨的涨幅是100%。这种不对称,就是我要谈论的涨跌幅度不对称。对于股市比较熟悉的人可能会觉得这是个很常见的现象,确实,这种不对称是任何一个投资者都正在行走于其上的、崎岖坑洼的"地形"。不注意它的人经常会被它绊一跤,但是有意地研究和利用这种"地形",是可以提高投资和交易的胜算的。

任何一个股票品种,只要价格有波动、价格不归零并且时间足够长,那么,其价格波动过程中价格上涨时的上涨幅度之和,始终会大于价格下跌时的下跌幅度之和。这是买多一方的天然优势。价格的这种涨跌幅度不对称,其实是给大家提供了一种期望收益率几乎永远为正的"赌局"。举个夸张的例子,假设上证指数从6000点直线跌到只剩1点,然后从1点反弹到2点。那么,从6000点下跌到1点,跌幅为99.98%,从1点反弹到2点,则涨幅为100%,100%-99.83%=0.07%>0。所以,从涨跌幅度之和的角度去看几乎任何一个股票交易品种,我们会发现它们都是一个预期收益率为正的"赌局"。要兑现这样的"赌局",所应该采用的操作手法就是等额买多。也就是说,要保证每一次买多所投入的金额均相等,并且方向是买多。因此,如果一个人的目的仅仅是赚钱、不赔钱的话,只需一招即可通用于几乎所有的交易种类,那就是"买多+等额"。这其实是利用价格涨跌幅度不对称原理赋予多头一方的优势。至于这种方案的具体实现,是可以发展出多种多样的具体策略的。

利用涨跌的趋势赚钱,关键是要将涨跌幅度不对称充分体现出来,从这一点,定距取得宜长不宜短。但是另一方面,这种操作手法的取胜是要靠涨跌的次数来体现的,而且,其中的关键不能是幅度距离,而只能是价格距离。

这样的投资理论,如果结合投资价值、加仓等因素可发展出更多式样的策略。比如只有当指数跌入2000点才开始"定距＋等额＋买多"。但不管怎样，"等额＋买多"是两个基本要素，并且这种策略，不要求对指数的变化本身做任何预测，颇有点"网鱼"的意思：只管自己布置好自己的网，等着鱼儿往上撞，而且知道它迟早会往上撞。这样的策略，虽然是买多，但是并不要求股票的价格一定有上涨趋势，而只要求价格有波动，或迟或早都会赚钱。

总而言之，股票价格涨跌的幅度不对称是一个简单的客观事实，不依赖于任何假设，往大了说，也就是一个客观规律。前面的分析无非是说如何在交易中利用这一客观事实赚钱，所有操作的依据就是涨跌幅度不对称这一事实。导致价格涨跌幅度不对称的原因，是在于价格在上涨过程中有一个自然的加仓过程，而在下跌过程中有一个自然的减仓过程，是这种自然的加减仓导致了幅度的不对称。

掌握了这种基于涨跌幅度不对称的操作技巧，我们就可以在股市操作中始终立于不败之地，不仅股市涨的时候有钱赚，而且在股市跌的情况下依然可以保证收益。

第 5 课 掌握投资法则，规避资产风险

你的财富滚雪球了吗

有位经济学家曾经曾做过一个实验，他找了几个身边的朋友，问他们如果你今天有1万元拿出来投资，常年的复利报酬率有30%，那40年后这笔投资会有多少？

几位朋友们给的答复多是介于1万元到100万元之间，有一位朋友给出了1000万元的答案，结果被大家嘲笑。然而事实上，真正的答案远比1000万元要更多，正确答案是3.6亿元，也就是说1万元的投资40年后将取得36万倍以上的报酬，即区区1块钱将变成36万元的现金。

相信这个答案会出乎每一个人的意料，然而事实就是这样，这就是被爱因斯坦称之为世界第八大奇迹的"复利"。在经济学上，"复利"这个词通俗地来解释就是指重复加倍的利息，会使得资金呈几何速度增长，带来非常高的回报。而"复利"这个概念用于投资理财，通常代表着清晰的理财计划和长期坚持的耐心会带来异乎寻常的成功。所以如何正确应用复利将会成为我们如何正确处理好长期投资理财的重中之重。

其实在金融界，运用复利的手段已经不是秘密了。复利其实就是"滚雪球"，刚开始显得很慢，但到后来越滚越大，会显示出惊人的效果，所以爱因斯坦说复利是"第八大奇迹"。我们在进行日常投资的时候，如果能够运用"复利"的技巧，必然会取得事半功倍的效果。

之所以在长期投资中要引入复利的概念，正是因为复利恰恰是利用了时间的因素。在投资理财中，"时间的复利"是人们最容易忽视的一个因素。如果对比两个目标一致的理财方案，就不难发现其中的奥妙。

前不久，考虑到自己的身体不好，即将退休的老张准备给儿子挑选一份理财作为未来的生活保障。经过了解，他挑选了两个理财方案进一步斟酌选择。其中第一个理财方案是：从20岁开始，每年存款10000元，一直存到30岁，在60岁时取出作为养老金。第二个方案是：从30岁开始每年存款10000元，一直存到60岁，然后在60岁时取出作为养老金。

对此，相信绝大多数人会跟老张一样，毫不犹豫地选择后者——毕竟到60岁时，第一个理财方案的本金只有10万元，而第二个方案的本金却有30万元之多。这样虽然存的年限多一些，但是毕竟可以在60岁时有更多的收入保障，看上去还是挺好的。

然而实际上呢，理财代表计算了一番之后，老张彻底傻眼了：在年理财收益率为7%的情况下，从20岁开始每年存款10000元一直存到30岁，那么60岁时可以拿到的金额为70多万元；而从30岁开始每年存款10000元一直存到60岁，最终能够拿到的金额却只有60多万元——尽管后者的本金是前者的3倍。

这被理财行业内部称为"时间的复利"效应。对比看来不难发现，对于个人的长期理财而言，越早开始理财，未来就会越轻松。其实所谓理财，实际上就是对财富的有效管理，这其中主要包括现金管理、资产管理、债务管理、风险管理、投资管理等。现金管理可以说是理财的基础，其中包括各项收入的筹划和管理、纳税的管理、各项日常支出的管理以及现金的积累和短期储蓄等，具体的管理工具和形式有各式各样的银行卡业务，各式各样的储蓄方式，各种各样的支出方式，包括各种各样的节俭手段等。

其实，"复利"通俗点说就是利滚利，也就是说如果每年都能保持一定水平的收益率，那么若干年后就能获得非常可观的财富增长。很多理财投资界的高手往往都是运用复利的高手，例如股神巴菲特对少数优秀企业和少数稳定企业的部分股票总是保持着长期持有的态度。尽管股市风云迭起，但他却凭借着自己对于复利的把握成为世界财富巨头。

简而言之,"复利"的本质告诉我们,时间也是一种财富。西方的巨富们很早就发现了复利这个获取财富的手段,可以说复利是世界巨富们聚积财富最有力的工具之一,也是最容易被大众漠视的投资工具。因而,巨富们就在大众的漠视中找到了聚积财富的"金矿",在几个世纪中世代相传。

复利,就是这简单的两个字,却被大多数人所忽视。曾经有一位投资高手,多年来不求高回报,只求稳赢,哪怕有1%的利润他也赚,正是在这种常人看不起的"1%"中,他的资产迅速膨胀,取得了旁人无法企及的财富积累。

当然,在运用复利的过程中,我们也必须认识到,复利中也藏有"陷阱"。比如之前的假设看上去都很好,但实际上前提是每年都有一定比例的正收益,这样财富雪球才能越滚越大。但实际上,对于长期投资来说,每年都能保证获得稳定的正收益是一种不太切合实际的幻想,即便是存银行、买国债这种看似稳保正收益的无风险投资,如果将通货膨胀因素考虑在内,也有可能是负收益,更不用说投资基金、股票等风险资产了。所以,更普遍的情况是,很多时候我们不得不面对投资收益的归零,甚至是投资本金的损失,而一旦发生这种情况,复利的威力就荡然无存了。

"股神"巴菲特的财富"滚雪球"理论中有很重要的一点就是:"找到足够的雪和足够长的斜坡。"其中斜坡就是时间的长度,可以说时间是复利增长的朋友,复利是短期投资的敌人,是长期投资的朋友。我们的投资必定要贯穿我们的人生，因此，运用复利的技巧是最恰当不过的了。如果掌握了复利这种运作财富的高级技巧，那么我们的投资将会得到很好的回报。实现自己的财富"滚雪球"梦想，也许并不遥远。

第6课 经济大调整时代，企业如何立于不败之地

有位企业家说："找对了风口，连猪都能飞上天。"而现实生活中，经济发展趋势的"风口"却并不那么容易找到，在经济形势大调整的时候，有些时候甚至还会找错，导致企业发展急转直下。那么，如何运用经济学知识来管理企业，如何应对经济形势调整，就成了我们必须要掌握的内容。

第6课 经济大调整时代，企业如何立于不败之地

创业本质是一种"投机"行为

对于大多数创业者而言，现实是此岸，理想是彼岸，中间隔着湍急的河流，行动则是连接彼岸的桥梁。创业这件事从本质上来说也是一种"投机"行为，因为我们生活在一个"快时代"里，信息技术就像一个巨大的加速器，使社会生活的每一个齿轮都在高速运转着，同样的创业项目，因为快慢不同，结果也大相径庭。

在当代商场中早就有一句流行的话："现在不是大鱼吃掉小鱼，而是快鱼吃掉慢鱼。"在赚取财富的竞争中，时间就是机遇，时间就是金钱，输赢均在一个"快"字。

创业并非是一条可以一蹴而就的路。对于怀揣创业梦想的人们而言，如何掘到"第一桶金"是非常关键的。立志在最佳的年龄阶段掘取"第一桶金"的创业者要想成功，除了要有如同求生一般强烈的成功欲望之外，还必须要有果断的决策力，恰逢其时地把握住机会，才有可能首先并很有可能是唯一地占领市场，从而把握住转瞬即逝的创业机会。

正如世界著名潜能大师安东尼·罗宾所说："人生伟业并不在于能知，最重要的是在于能行。"不管我们有多么具有优势的条件，想出多么富有灵光的创意，若不把其具体运用到实践中

去，第一桶金的资本就会始终如镜中花、水中月。只有把好的构想"贡献"出来，情况才会得到改善；只有采取快速的行动去占领市场，才会让所有的想法有其实际意义。

之所以创业具有"投机"色彩，就是因为它的时效性——机遇不等人。抓住机会贵在快而不在多，它只是我们事业启动的助推器。只有致富的"齿轮"转起来了，之后一切"钱生钱"的创业经营才有意义。

绘有玫瑰的梳妆台、艺术水晶吊灯、油画壁挂……这间客房的老板王斌，是刚刚从某军事学院经济专业毕业的大学生。不到半年，他已盘活了十三间风格各异的"家庭酒店"客房，月利润好几万元。王斌的同学兼合伙人小刘说："他已经从学院里的足球王子变成了酒店业的居家男生。"

王斌的父母都是商人，日子过得还不算太紧。读大三时，王斌就发现不少大酒店的客房装饰都是富丽堂皇，费用不菲。不少在当地短期留宿的外地游客都难以租到理想的房间。王斌开创短租式家庭酒店的想法就是从那时开始萌生的。

王斌随即和父母说了自己的想法，并得到了他们的大力支持。紧接着，他选择了家电俱全的精装小户型房间，并按年整租，无形中又节省了一点房租。自己将房间布置一番后，再按每天100元—150元出租，王斌在火车站旁的第一间家庭酒店客房就这样开张了。

因为抓住了当地环境的特点,有很强的适用性,因此生意格外红火。至此,他的"第一桶金"虽然不多,但却在很短的时间内便积累了起来。有了适时抓住时机的"开门红",随后,王斌又在旁边某国际公寓开了第二间。很快,他在这栋楼里的家庭酒店客房扩张到了十三间。

机不可失,时不再来。在进退之间,如果不能把握时机,就很可能一事无成,悔恨终身。也许很多人都有像王斌一样敏锐的市场洞察力,但同时更需要像他那样果断决策、大胆出击的勇气。

决定是银,速度才是金。只有行动,所有的创意才能变为现实;只有行动,才能一步一步接近成功。要想迈出创业路上的第一步,抓住机会才是最重要的。正如经济学家所说:"如果要先搬掉所有的障碍才行动,那就什么也做不成。"在我们的想法还没有被别人付诸实践之前,立即行动,直到把创业的资本挖到手。

财富是一种机遇,这种机遇是公平的,它就在那里,就看你能不能发现它,会不会利用它。我们身处市场经济的大潮中,一定要有敏锐的眼光,及时把握市场潮流,并依势而行。当然,市场是千变万化的,时机也不是一成不变的。昨天还在领先的产品,今天可能已经被淘汰,就像衣服一样,去年的新款,今年已经成了尾货,打折都处理不掉。因此,要及时抓住机会,才能在创业之路上走得更稳。

创业是一次长征,在追寻财富梦想的道路上也遵从物竞天择、适者生存的法则。正所谓"机不可失",只有抓住了创业的时机,生意才会主动找上门来。只有做一个善于"投机"的创业者,才可以闯出一番自己的天地,为以后的财富之路奠定殷实的基础。

成本优势下,才能实现利益最大化

张鹏从家乡的服装作坊辞职后,跟着老乡进城做装修。在打工的过程中,他看到城里人对生活特别讲究,居室要布置得舒适温馨,清洁卫生每日都得做。一次偶然的机会,张鹏路过一家大棉纺厂,看到垃圾堆里有很多厂家丢弃的碎棉布条。他灵机一动,心想,我把这些碎布做成拖把,不就可以卖给城里人了吗?说干就干,他也不怕别人说自己是捡破烂的。他捡回了好多,回去之后做成了拖把。拿到街上试销,一会儿的工夫就卖完了。

初战告捷,尽管是小生意,张鹏还是很兴奋。第二天,他就正式干了起来。第一个月,他赚了5000元。他又发现,自己捡来的破碎棉布中有些稍大的布块,做拖把不太合适,何不把他们拼缝成童装?于是,他买了一台缝纫机,把这些碎布分类,大一些拼缝成童装,细小的,便扎拖把。半年

第6课 经济大调整时代,企业如何立于不败之地

后,他赚了5万元。

张鹏从这些别人不要的"废料"中尝到了甜头,于是,他的眼光更加开阔了。他开始用很小的本钱从很多大城市的棉纺厂、化纤厂收购各种边角料。他的产品也不再局限于童装了,比如他还把那些毛料的边角料剥理成丝,纺成丝线,编织成各种漂亮的毛毯或者挂毯。他的产品构图巧妙,价格合理,深受用户欢迎。

相比其他的工厂,他的产品成本非常低廉,原材料的费用省下了很多,不论是在质量还是价格上,他都有优势。短短时间,他一个人的小作坊变成了小加工厂。后来,他又逐步做起了毛绒玩具等业务,甚至把生意做到了国外,现在他早已不是一个"捡破烂"的,而成了一位成功的老板。

可以说在张鹏的创业过程中,成本上的优势给他带来了相当大的竞争优势,无论对于普通创业者还是企业,"成本"都是一个重要又敏感的词汇。在经济学上,生产成本亦称制造成本,是指生产活动的成本,即企业为生产产品而发生的成本。生产成本是生产过程中各种资源利用情况的货币表示,是衡量企业技术和管理水平的重要指标。

以上面张鹏的企业为例,他需要购买原料、包装和其他加工材料,还要购买缝纫设备和包装设备,而且还要雇用操作这种设备的工人,然后他把生产出来的产品卖给消费者。通过考察张鹏在其经营中面临的一些问题,我们就可以得到一些适用于经济活

动中所有企业的结论,而这与它们所面临的市场条件无关。

具体来说,生产成本是生产单位为生产产品或提供劳务而发生的各项生产费用,包括各项直接支出和制造费用。直接支出包括直接材料(原材料、辅助材料、备品备件、燃料及动力等)、直接工资(生产人员的工资、补贴)、其他直接支出(如福利费)。制造费用是指企业内的分厂、车间为组织和管理生产所发生的各项费用,包括分厂、车间管理人员工资、折旧费、维修费、修理费及其他制造费用(办公费、差旅费、劳保费等)。

为了核算生产成本,可设置生产成本账户进行核算,并可以分设基本生产成本和辅助生产成本账户核算。制造费用在未计入各产品成本计算对象之前,应先在制造费用账户中进行归集核算,然后再按一定标准分配计入各产品成本之中。本期发生的生产成本加上期初的产品成本,减去期末的产品成本,便能计算出本期完工产品成本。

在市场经济条件下,产品成本是衡量生产消耗的补偿尺度,企业必须以产品销售收入抵补产品生产过程中的各项支出,才能确定盈利,因此在企业成本管理中生产成本的控制是一项极其重要的工作。生产成本法是目前世界各国普遍采用的一种成本计算方法,用生产成本法计算成本时,只将生产经营过程中发生的直接材料费用、直接人工费用和制造费用计入产品成本,而管理费用、财务费用和销售费用不计入产品成本,而是作为当期费用直接计入当期损益。

我们还要认识到的是,生产成本是工业企业为生产一定种

第6课 经济大调整时代,企业如何立于不败之地

类、一定数量的产品所发生的直接费用、直接人工和间接制造费用的总和。企业原材料消耗水平、设备利用好坏、劳动生产率的高低、产品技术水平是否先进等,都会通过生产成本反映出来。换言之,生产成本的控制能反映企业生产经营工作的效果。

生产成本由直接材料、直接人工和制造费用三部分组成。直接材料是指在生产过程中的劳动对象,通过加工使之成为半成品或成品,它们的使用价值随之变成了另一种使用价值。直接人工是指生产过程中所耗费的人力资源,可用工资额和福利费等计算。制造费用则是指生产过程中使用的厂房、机器、车辆及设备等设施及机物料和辅料,它们的耗用一部分是通过折旧方式计入成本,另一部分是通过维修、定额费用、机物料耗用和辅料耗用等方式计入成本。

了解了成本之后,我们再来看与之直接关联的企业利润。什么是企业的利润?企业从销售其产品中得到的货币量称为总收益。企业为购买投入所支付的货币量称为总成本。我们把利润定义为企业总收益减其总成本,即:利润=总收益-总成本。

企业老板的目标是使企业的利润尽量多。为了说明企业如何实现利润最大化,我们必须全面考虑如何衡量总收益和总成本。总收益是简单的:它等于企业生产的产量乘以它出卖这些产品时的价格。如果加工厂生产了1万件产品,并以1件2元的价格出售,那么,总收益是2万元。与此相比,企业总成本与总利润的衡量没有那么简单直接。

从经济行为的角度来讲,为了了解企业做出什么决策,我

们必须了解它们想做什么。可以想象，老板开办企业是出于为消费者提供商品的利他主义愿望，或者，也许是出于他对企业的热爱。但是，更加现实的是：老板开办这家工厂是为了赚钱。经济学家通常假设企业的目标是利润最大化，而且他们发现，这个假设在大多数情况下能很好地发挥作用。

根据供给规律，当一种物品价格高时，企业愿意生产并销售更多这种物品，而且这种反应引起了向右上方倾斜的供给曲线。在分析这类问题时，供给规律是你了解企业行为所需要的一切。

作为研究产业组织的出发点，生产成本是考察的重点。所有企业，从大的航空公司到社区小小的熟食店，当它们生产它们所销售的物品与劳务时都会产生成本。正如经济学中所阐明的：企业成本是其生产和定价决策的关键决定因素，但是，确定什么是企业的成本并不像看起来那么简单，需要我们完善自己的经济学知识，才能看清其本质。

该生产多少，你心里有准数吗

小刘来到文印部为公司定制一批宣传材料，文印部老板告诉他，印制1000份的价格是每份2元，总价2000元，但如果他愿意印制2000份，那么就可以做到每份1元，总价同样是2000元。小刘乍一听觉得有些奇怪，不过很快就想通了，因

第6课 经济大调整时代,企业如何立于不败之地

为印制需要考虑到纸张和油墨成本,而这些成本并非是线性和连续的,应该是存在一个阶梯形的经济成本模型。比如:生产某种产品100个单位时,总成本为5000元,单位产品成本为50元。若生产101个单位时,其总成本5040元,则所增加一个产品的成本为40元。

这种现象在经济学上被称之为"边际成本",当实际产量未达到一定限度时,边际成本随产量的扩大而递减;当产量超过一定限度时,边际成本随产量的扩大而递增。因为,当产量超过一定限度时,总固定成本就会递增。由此可见,影响边际成本的重要因素就是产量超过一定限度(生产能力)后的不断扩大所导致的总固定费用的阶段性增加。

我们可以用上文例子中最后一件产品的价格这个例子来说明边际分析法的用处。当我们考虑是否再多生产一件产品时,实际上我们应该考虑的是边际成本和边际收益这两个概念。边际成本是增加一件产品(自变量)所增加的成本(因变量)。在我们这个例子中,增加一件产品的生产,在机器购买费用、机器磨损费等费用无须增加的情况下,那么所消耗的原料费、员工工资等费用就是边际成本,而边际收益则是销售一件产品(自变量)所增加的收入(因变量)。

在经济学上,"边际"这个词可以理解为"增加"的意思,"边际量"也就是"增量"的意思。说得确切一些,自变量增加一单位,因变量所增加的量就是边际量。比如说,生产要素(自

变量）增加一单位，产量（因变量）增加了两个单位，这因变量增加的两个单位就是边际产量。

通常来说，随着产量的增加，总成本递减，从而边际成本下降，也就是通常说的规模效应。边际成本用以判断增减产量在经济上是否合算，通常只按变动成本计算。它是在管理会计和经营决策中常用的名词。

举例来说，农田里撒化肥可以增加农作物的产量，当你向一亩农田里撒第一袋化肥的时候，增加的产量最多，撒第二袋化肥的时候，增加的产量就没有第一袋化肥增加的产量多，撒第三袋化肥的时候增加的产量就更少，也就是说，随着所撒化肥的增加，增产效应越来越低。

在根据边际分析法做出决策时就是要对比边际成本与边际收益。如果边际收益大于边际成本，即多施一袋肥料所增加的收入大于所增加的成本，加大施肥量就是合适的，这是理性决策；如果边际收益小于边际成本，多施一袋肥就要亏损，是非理性决策。从理论上说，产量可以增加到边际收益与边际成本相等时为止。

边际分析法在经济学中运用极广，所以，边际这个概念和边际分析法的提出被认为是经济学方法的一次革命。在经济学中，边际分析法的提出不仅为我们做出决策提供了一个有用的工具，而且还使经济学能运用数学工具，大大提升了经济学的量化分析便利性。

钱"入水了",撤为上策

在经济学和商业决策制定过程中会用到"沉没成本"的概念,指已经付出且不可收回的成本。沉没成本常用来和可变成本做比较,可变成本可以被改变,而沉没成本则不能被改变。在微观经济学理论中,做决策时仅需要考虑可变成本。如果同时考虑到沉没成本,那结论就不是纯粹基于事物的价值做出的。

举例来说,假设你要做一个投资,第一个方案投入10元能得到15元的收益;第二个方案投入5元能得到10元的收益。很显然,第二个方案的收益率是2倍,第一个的收益率只有1.5倍,不如第二个方案收益率高。

但是如果你已经在第一个方案中投入了5元,你这时还有5元,应该选择投资哪个方案呢?

答案是选第一个方案!因为它对你来说已经投入的5元是沉没成本,不要再考虑。这就意味着,你只要再投5元就能拿到15元的收益,而第二个方案你再投入5元,只能拿到10元的收益。但是,在这之后再有钱,你就要投资第二个方案了。因为第一个方案的收益率又恢复成了1.5倍,第二个方案的收益率又恢复成了2倍。

当然,有时候沉没成本只是价格的一部分,如果你预订了一张演唱会门票，已经付了票款且假设不能退票，此时你付的价钱已经不能收回，就算你不看演唱会钱也收不回来，演唱会门票的价钱算作你的沉没成本。

再比如，某企业中途弃用的机器设备，如果进行出售，那么，机器设备的原价与出售价格之间的差价就是沉没成本。在这种情况下，沉没成本随时间而改变，也就是说这个机器设备使用时间越长，一般来说卖出价会越低（折旧）。

这样理解起来，沉没成本的概念就相对容易理解了：即是指由于过去的决策已经发生了的，而不能由现在或将来的任何决策改变的成本。人们在决定是否去做一件事情的时候，不仅是看这件事对自己有没有好处，而且也看过去是不是已经在这件事情上有过投入。我们把这些已经发生不可收回的支出，如时间、金钱、精力等称为"沉没成本"。

大多数经济学家们认为，如果你是理性的，那就不该在做决策时考虑沉没成本。比如在前面提到的看演唱会的例子中，会有两种可能结果：

第一种结果：付钱后发觉演唱会不好看，但忍受着看完。

第二种结果：付钱后发觉演唱会不好看，退场去做别的事情。

两种情况下你都已经付钱，所以应该不考虑这件事情。如果你后悔买票了，那么你当前的决定应该是基于你是否想继续看这场演唱会，而不是你为这场演唱会付了多少钱。此时的决定不应该考虑到买票的事，而应该以看免费演唱会的心态来做判断。经济学家们往往建议选择后者,这样你只是花了点儿冤枉钱,而选择前者你还要继续受冤枉罪。

沉没成本的产生原因主要有策划或决策失误;前期调研、评估、论证工作准备不足,造成中途出问题而无法进行下去;有良好的策划、计划,但执行中偏离轨道,造成事与愿违;执行中发现存在问题,但没有及时调整策略、方案,而是一意孤行;危机处理能力不足或措施不当,使事态扩大及蔓延。

从成本的可追溯性来说,沉没成本可以是直接成本,也可能是间接成本。如果沉没成本可追溯到个别产品或部门,则属于直接成本;如果由几个产品或部门共同引起,则属于间接成本。从成本的形态看,沉没成本可以是固定成本,也可能是变动成本。企业在撤销某个部门或是停止某种产品生产时,沉没成本中通常既包括机器设备等固定成本,也包括原材料、零部件等变动成本。通常情况下,固定成本比变动成本更容易沉没。

从数量角度看,沉没成本可以是整体成本,也可以是部分成本。如上面我们所说的弃用的机器设备,如果能变卖出售获得部分价值,那么其账面价值不会全部沉没,只有变现价值低于账面价值的部分才是沉没成本。

一般说来,资产的流动性、通用性、兼容性越强,其沉没的部分就越少。"现金为王"的观念也可以从这个角度去理解。固定资产、研究开发、专用性资产等都是容易沉没的,分工和专业化也往往与一定的沉没成本相对应。此外,资产的沉没性也具有时间性,会随着时间的推移而不断转化。以具有一定通用性的固定资产为例，在尚未使用或折旧期限之后弃用，可能只有很少一部分会成为沉没成本，而中途弃用沉没的程度则会较高。

我们对沉没成本认识往往不够全面，仅仅认识了沉没成本尚不足够。事实上，这当中仍有认识上的盲点。

决策成本也是必须建立的观念。有这样一些例子：一些审慎的决策者因为将一些不相关的成本纳入决策成本考虑而错失了本来可行的项目，另一些冒进的决策者则因为将相关成本错误排除在决策成本之外而对项目做出盲目乐观的估计。可见，在行动和决策时，建立决策成本的观念十分重要。

衡量投资项目成本，只能包含因进行或选择该行动方案而发生的相关成本。相关成本指与特定决策、行动有关的，在分析评价时必须加以考虑的成本，包括差额成本、未来成本、重置成本、机会成本等。非相关成本则指在决策之前就已发生或不管采取什么方案都要发生的成本，它与特定决策无关，因而在分析评价和最优决策过程中不应纳入决策成本的范畴，如过去成本、账面成本等。

从决策的相关性看，沉没成本是决策非相关成本，若决策时计入沉没成本，将使项目成本高估，从而得到错误的结论。考虑已投入资源的机会成本、沉没成本是决策非相关成本，但与其相伴随的机会成本却是决策相关成本，需要在决策时予以考虑。机会成本不是通常意义上的成本，它不是一种支出或费用，而是选定某方案可能损失的收入或收益。

当然，决策中某一既定行动的机会成本有时是很难衡量的，成本估计可能是高度主观和随意的。此外，有关评价应当考虑资金的时间价值，以贴现指标为依据，这些都应引起决策者的注意。

例如，一个已发生了咨询费和开办费的投资项目，当环境发生某种变化需要重新决策时，这些费用作为沉没成本不应当纳入决策成本范围考虑。但在具体会计核算时，则应视决策结果的不同而进行相应的处理：如果最后决定放弃该项目，这些费用应当计入当期投资损益；如果项目继续，则根据会计准则在该项目的受益期内进行成本分摊。可见，为财务报告目的而获得的某项经济活动的成本对于决策目的来说，并不总是恰当的。

总而言之，沉没成本是行为经济学中一个有趣的非理性且顽固的心理定式。因为在一件事情上投入过成本，我们会变得更难放弃。因此我们要尽量遵循经济学原理，正确区分决策成本与会计成本，一般说来，沉没成本是就决策或经济评估而言的。从会计成本核算角度看，其实并不存在什么沉没成本。

兼并与收购，没你想的那样简单

当地时间2019年7月9日，IBM公司宣布以每股现金190美元完成对红帽公司（Red Hat）所有已发行和流通在外普通股的收购交易，总股本价值约340亿美元。红帽将作为IBM一个独立的业务部门来运作，并将纳入IBM云计算与认知软件业务的财务报表。收购红帽是IBM有史以来最大的并购交易，也是美国科技行业史上第三大并购交易。

获得诺贝尔经济学奖的史蒂格尔教授曾经在研究中发现，世界上所有的500强企业全都是通过资产联营、兼并、收购、参股、控股等手段发展起来的，也就是说，在如今的经济领域，并购已成为企业快速发展的重要手段。

在国际上，企业收购也一直是投资者迅速实现对外发展战略的有效手段，它可以大大缩短投资项目的建设周期，迅速扩大生产规模。无论是参股、接管或兼并的方式，在资本投入、市场开拓、取得关键技术和人才、增强企业的竞争和保证企业利润水平等方面都有许多有利之处。

在国外，企业收购的程序或渠道是非单一性的，基本上可概括为间接收购和直接收购。间接收购是指购买者并不向被购方直接提出购买的要求，而是在证券市场比高于股市价格水平的价格大量收购一家公司的普通股票，达到控制该公司的目的，其结果可能会引起公司间的激烈对抗；或者是利用一家公司的股价下跌之机，大量买进该公司的普通股，达到控制该公司的目的。直接收购则是指收购者直接向一家公司提出拥有所有权的要求。国际企业收购的结果是跨国性的，从历史和现状来看，它一直是国际直接投资的主要形式之一。

在我国经济领域，企业并购主要包括公司合并、资产收购、股权收购三种形式。企业之间的兼并与收购行为，是企业法人在平等自愿、等价有偿基础上，以一定的经济方式取得其他法人产权的行为，是企业进行资本运作和经营的一种主要形式。

具体来说，企业收购基本的程序可以分为准备阶段、实施阶段和整合阶段三大步骤。在准备阶段，企业需要谨慎选择并购目标和并购时机，并且制定并购的战略计划，比如成立项目小组、确定收购对象的标准、计划今后工作、明确收购的原则及战略。

并购初期的决策阶段是相当重要的，一般大规模的并购通常会参考波士顿咨询公司的"波特方法"，遵循下列几个步骤来确保自己的并购决策不出现问题。

首先要确定行业，即自己对于要并购的企业领域是否了解，是否有掌控能力，这是相当重要的。其次是要确定并购时机，一个行业即使从长远而言有潜力，但是企业如果在一个不恰当的时候进入，仍然可能事倍功半。发展的初级阶段，没有形成成熟的赢利模式，没有形成长期发展根基的核心能力，并购这些行业的企业，可能在相当长时期内无法收回成本，更难谈上协同效应。

总之在并购初期的决策阶段，必须要抓住产业研判的精髓，即：在适当的时候进入一个适当的行业。并购首先是选行业，然后才是选企业。

在准备并购的第二阶段，要进行具体的目标公司调查。包括目标公司的基本情况、产业分析、财务状况、资产质量调查、应收账款、存货、无形资产、债务和有关事项、对外担保、未决诉讼、关联交易等。这些细节问题都要事无巨细一一调查清楚。

最重要的一项还包括法律调查,即要了解目标公司的主体资格、资质证书及相关并购交易的批准和授权,各项财产权利是否完整无瑕疵,如土地使用权、房产权、商标权、专利等,特别是当目标公司控制权改变后合同是否依然有效,公司资产抵押、担保情况等。

上述两步完成之后,就可以进入并购准备的第三阶段,聘请财务顾问。财务顾问要了解证券公司和专业投资咨询公司,其作用是提供潜在的收购对象,参与企业与目标公司的谈判;拟定收购方案,协助办理股权转让手续,提供相关咨询等,配合企业制定初步的收购方案。

在进入并购的实施阶段以后,仍然有相当烦琐却必需的步骤要按部就班去完成。

第一,要与目标公司进行谈判,立足双赢,制定"收购意向协议书",将目标公司锁定,防止其寻找其他买家。

第二,要通过谈判确定收购价格、支付方式,签订股权转让协议。

收购方聘请中介机构对目标公司财务报表进行审计,在此基础上对目标公司资产进行评估,作为收购价格基本依据。国有股东转让股权时,转让价格不得低于每股净资产。目前溢价率在20%以上。收购价款支付方式有现金支付、股票支付、混合支付等。国内以混合支付为多。

第三,在完成协议之后,企业就要根据相关规定进行报批和信息披露。我国法律规定,股权转让涉及国有股(国家股和国有法人股），由目标公司向国有资产管理部门和省级人民政府提出出让股份申请，获批后再向财政部（国资委）提交报告，获批准后，双方根据批复文件的要求，对协议相关条款进行修改，正式签订股权转让协议。其中，可能发生要约收购义务，收购人向证监会申请豁免。

第四，按照法律法规进行信息披露之后，方可办理股权交割手续，在此阶段，收购方履行付款义务，双方可派授权代表到证券登记结算机构办理转让股权的交割手续。股权交割后，上市公司收购的法律程序即告结束。

到了这一步骤，企业并购的流程并未结束，因为毕竟并购行为是为了企业进一步发展，完成了所有的并购手续之后，接下来就要进入对于企业发展至关重要的一步——整合。

虽然取得对目标公司的控制权是作为衡量收购是否成功的标志，但事实上，整合阶段在整个并购过程中是最艰难、最关键的阶段。在并购失败的已知原因中，整合不力占50.00%，估价不当占27.78%，战略失误占16.66%，其他原因占5.56%，足见其重要性。

并购整合通常是指收购方取得目标公司控制权后，召开临时股东大会，修订公司章程，对公司董事会、监事会进行改组，成立新的董事会，任命总经理等高管人员。这一阶段的主要任务是在稳定与客户、供应商关系的基础上，调整公司经营政策，稳定和留住对企业未来发展至关重要的人才，裁减冗员，并且调整目标公司的组织结构和管理制度，重新确定公司经营重点。这一阶段必须重视的是并购企业的债务整合，通过与债权人沟通，获得债务豁免、重新安排债务的偿还期限、增加长期负债来偿还短期债务等，降低债务成本、减轻偿债压力。

总体来说，并购的实质是在企业控制权运动过程中，各权利主体依据企业产权做出的制度安排而进行的一种权利让渡行为。并购活动是在一定的财产权利制度和企业制度条件下进行的，在并购过程中，某一部分权利主体通过出让所拥有的对企业的控制权而获得相应的受益，另一部分权利主体则通过付出一定代价而获取这部分控制权。

企业并购的过程实质上是企业权利主体不断变换的过程。企业在进行并购时，不仅要根据成本效益分析进行决策，还要考虑到并购行为带来的税务以及法律法规风险，这需要一系列复杂的评估以及执行交接程序，并非是一件简单的事情。不过，所有的并购行为都有一个简单而明了的基本原则，那就是并购净收益一般应当大于零，这样并购才有利可图，以实现股东财富最大化的目标。

蚊子再小也是肉，"薄利"助力"多销"

有许多投资人在拥有自己的事业和企业之后，总希冀着能

第 6 课 经济大调整时代,企业如何立于不败之地

"狠捞一把",认为只要做成一件大事,卖出一份高价,就足以使自己一夜暴富。自然,他们就会对那些小利小益不屑一顾,觉得对自己成为一个富人根本起不了多大作用。然而殊不知,就是在这样"薄利不愿做,大钱挣不来"的等待中,时间就一天一天白白度过。

我们不妨来思考一下下面这个问题:对于企业而言,每天卖1个能够赢得100%利润的产品和每天卖100个只有1%利润的产品,哪一种经营方式更好?对于拟订标价为1.98美元的商品,为了促销,有人会标写为1.25美元。但即使这样,仍然会被一个人断然否定。他会说:"不,我们就标50美分。"他就是世界最大企业沃尔玛百货有限公司的创始人——山姆·沃尔顿。

时至今日,不管走进哪里的沃尔玛,我们都能看到超市里一个醒目的标志:天天低价。为了实现低价,沃尔玛想尽了招数,其中最关键的方法就是大力节约开支,绕开中间商,直接从工厂进货。山姆·沃尔顿要求统一订购的商品送到配送中心后,配送中心再根据每个分店的需求对商品就地筛选、重新打包。这种类似网络零售商"零库存"的做法,使沃尔玛每年都可节省数百万美元的仓储费用。

这种经销原则还要从沃尔玛的早期经营说起。山姆·沃尔顿发现,把一件进货价为80美分的商品标价为1美元,要比把其标价为1.2美元多卖出三倍。沃尔顿进一步分析得出,虽

然每件商品的利润可能会减少，但由于卖出的数量很多，因而整体利润也能提高不少。于是，沃尔顿转变了公司的基本经营原则，实行薄利多销，并要求公司上下严格贯彻执行。

这个道理很简单，但蕴含着经济学的精髓：降低价格，刺激销售量，进而提高整体盈利水平。果然，简直令人不敢相信的优惠价格使得公众普遍认为去沃尔玛购物是一件物有所值的事，沃尔玛不但没有遭受损失，反而赚得了更多的利润。第一年，沃尔顿的商店营业额就已经达到了70万美元。1964年，沃尔玛百货有限公司已经拥有了五家连锁店，1969年增至十八家。1990年，沃尔玛百货有限公司一跃成为全美最大的零售商。1997年，沃尔玛的销售收入高达98亿美元，高居世界零售业榜首，并成功跻身世界500强前十名，位居第八。

如今，沃尔玛旗下在美国拥有连锁店约3500家，全球雇员1200多万，已然成为一个实实在在的企业帝国。

成本低于对手，才能创造竞争优势。一个高效运营的企业，即使难免失误，也能很快恢复元气。反之，一个低效运营的公司，尽管显赫一时，但最终也难逃失败。没有一夜就能做大的生意，也没有仅靠卖出一两件商品就能赚取一个亿的财富。集腋成裘、薄利多销，才是积累大财富的精髓。

那些大的企业往往并没有很高的起点，也并不是一开始就想着要做大生意、赚厚利。他们懂得凡事要从微利入手，一步一步进行，财富的雪球才会越滚越大。

第6课 经济大调整时代,企业如何立于不败之地

美国加利福尼亚州有一个做家庭用品销售的青年叫安德森。他就是靠"1美元"来起步发家的。

起初,安德森并没有什么资金,于是他在当地一本畅销的妇女杂志刊载出这样一则广告:"1美元商品"。所登的厂商都是有名的大牌子,出售的产品都是实用的。

他这种方法几乎不需要什么资金,客户汇款来,就用收来的钱直接去买货。但实际上,其中大约20%的商品进货价格超出1美元,60%的进货价格刚好是1美元。这样的低价优惠让订购单像雪片一样纷至沓来。可另一方面,汇款越多,他的亏损便越多。

但安德森并不是一个傻瓜。在寄送商品时,他会附带寄去20种3美元以上100美元以下的商品目录和商品图解说明,再附一张空白汇款单。

凭借"1美元"的价格,几乎没有顾客认为他那里会卖昂贵的东西。安德森以小金额商品的亏损买来了大量顾客的"安全感"和"信赖感"。就这样,虽然卖1美元的商品有些亏损,但3美元以上100美元以下的商品却足以弥补这些亏损,而且令他获利甚大。

秉持这种薄利多销的原则,安德森的生意就像滚雪球一样越做越大。一年之后,他成立了一家通信销售公司。又过了三年,他雇用了50多个员工,销售额高达5000万美元。

安德森这种以小鱼钓大鱼的办法，确实有着惊人的效力。起初他一无所有，可是自从开始做吃小亏的生意后，不出几年，就建立起了自己的通信销售公司，赚得了千万大利。在市场竞争中，没有大钱的普通人想挣钱，难免要受到各种因素的制约。但要知道，欲速则不达，心急吃不了热豆腐。为了实现目标，不妨以迂为直、以小鱼钓大鱼，这是胸怀大略的投资者必备的创业能力。

我们常常容易根据消费的经验将生意分成大小等级，将利益分成高低不等，以为那些投资少、单价低的生意就是小生意，比如那些从事柴米油盐销售的小商贩；反之则是大生意，比如经营房地产的就必定是大老板。其实，利益的大小是由需求的多少决定的，当绝大部分普通人对他们积蓄了一辈子也买不起的高级住宅望屋兴叹时，房地产这个盛产大老板的行业也就成了吞噬资金的黑洞。相反，在一般人最瞧不起的农村，专门向那些节衣缩食的农民提供饲料和化肥的经营者中，却出了真正大户级的巨贾。

行走在利润之区，谁能料定那些追逐"薄利"的"小人物"就不可能是未来的商界巨子呢？所以，折扣生财，薄利才能多销。

财富是怎么来的？是利润乘以数量。很少有仅靠卖出一两件商品就能赚取一个亿的大生意，有些生意尽管利润高、货值大，但同样要求很雄厚的资金做支撑。一滴水并不起眼，但是多了就能汇成海洋；一粒沙并不起眼，但是它们聚在一起，成了撒哈拉；一只蚂蚁并不可怕，但是成千上万只在一起，就成了横行森林的无敌军团。很多人想一下子做成一单赚一百万的生意，一下子做成一单赚一亿的生意，又有多少人愿意做成一百万单、一亿单只赚一元的生意呢？

对于很多发展中企业来说，资金正是难以跨越的障碍，因此，薄利多销、集腋成裘，才是积累大财富的精髓。一次就能赚一百万、一亿的生意对大部分人来说可望而不可即，但赚一元的生意却很容易实现。在商场中，只要"微利是图"，占领市场，你就很有可能成就美好的财富梦想。

每个人都想赚钱，但是多数人都只盯着大生意，对于那些只赚几角钱、几分钱的微利生意往往看不上眼。然而，在财富的盛宴上，微利生意带来大财富的机会并不比"暴利"生意少。在我国义乌、温州等地，不乏靠卖针头线脑而起家的千万富翁、亿万富翁。谁说微利不能致富，只要你有大市场，微利也能带来大财富。

很多人从贫穷走向富裕，他们没有足够的资金，因此选择的起点都很低。他们懂得凡事要从微利、薄利入手，一步一步进行。就这样，财富的雪球越滚越大。所以，别忽略"小钱"，蚊子再小也是肉，以小搏大的策略在现在的商品经济时代，也有你想不到的神奇魔力。

第 7 课 商场博弈的秘密：
决战来得悄无声息

商场中的博弈，就如同棋盘上的对决，看似风平浪静，实则暗藏玄机；看似尔虞我诈，却也跳不出规则约束。这是一场没有硝烟的战争，也是一堂步步为营的课程。如何在错综复杂的局势中，做出最合理、最正确的策略选择，正是我们需要从这堂课中学习的东西。

第7课 商场博弈的秘密：决战来得悄无声息

一切交易，必须在规则下进行

"商场如战场"，相信很多人对这句话并不陌生。确实，从某种程度上来说，商场与战场之间的确存在诸多相似点。它们都决定着一个企业或一个国家的命运，它们都充斥着谋略、时机、速度、信息、人才、资金、后勤、纪律……它们都是机遇与危险并存的地方，能让你一步登天，也能让你一败涂地。

然而，商场与战场之间却也有着根本上的不同。战场上的厮杀，只要能赢，你可以无所不用其极，所谓"兵不厌诈"说的就是如此。但商场却不然，商场上的竞争，未必一定要厮杀得你死我活才能出结果，其胜利者也未必就只能是一个，更重要的是，在商场上，一切的交易与竞争都必须在规则下进行，因为商场追求的是长远发展，是利益共存，丢弃规则的交易与竞争，带来的只会是两败俱伤。

某市步行街开了两家西餐厅，就在街道两边，面对面的位置。由于定位相似，目标客户群重合，两家餐厅成了彼此的"眼中钉"。

为了干掉竞争对手，A餐厅推出一系列的优惠活动来吸引客户，点牛排送沙拉，点意面送果汁，点套餐还送小食。B餐厅一看，生意都被抢走了，怎么办？最后一拍板，紧跟着来了一拨折扣优惠，牛排八五折，满五十减二十，实际消费过一百就免费送红酒。

就这样，A餐厅和B餐厅都想把对方干掉，于是便层出不穷地推出各种各样的优惠、折扣、降价。到了后来，优惠折扣多得就连成本都保不住了。于是，为了降低成本，两家餐厅都开始偷偷缩减采购方面的开支，买的食材不如从前好也不如从前新鲜了，做菜的时候放的料也没有从前丰富了。

众所周知，做餐饮行业，饮食安全和饮食卫生是最重要的，这两个方面，但凡哪一点出了问题，都可能直接把餐厅给拖垮。结果，有一阵子，A餐厅那边突然传出流言，说B餐厅的果汁都是直接用自来水兑的；没过几天，B餐厅那头也传出流言，说A餐厅的招牌炖菜原料都是头一天的厨余，为了掩盖异味所以香料下得很重……

在接连不断的恶意降价和相互诋毁中，两家餐厅的口碑都越来越差，客人也越来越少，最终，两家餐厅都默默关门歇业，店铺也直接转租出去了。

A餐厅和B餐厅在竞争中为了排挤对手而使出的种种手段，如果放在战场之上，那么确实无可厚非，然而放在市场上，那就是扰乱市场经济秩序的行为了。无论是不顾成本地打"价格战"，还是不遗余力地抹黑对方，都是违背市场原则的，故而，会落得这样的下场也就不奇怪了。

第7课 商场博弈的秘密：决战来得悄无声息

没有规则约束的竞争和交易，带来的只会是两败俱伤的毁灭。在商场上，这样的例子不胜枚举。想当初，华为与中兴两大通讯巨头的"同室操戈"，官司甚至一直打到了国外；伊利与蒙牛这对难兄难弟之间的明争暗斗，更是从来就没有真正消停过；还有王老吉和加多宝，一言不合就"大打出手"，闹得不可开交。而最终，这些企业之间的相互攻击并未能带来任何根本且长远的好处。

商场不是战场，我们所追求的，也不是要将对手赶尽杀绝，而是要让自己能够在市场中长长久久地存活下去。而要实现这一点，我们就必须确保市场的正常运作和稳定发展，将一切的竞争与交易都放在相应的规则之下进行，杜绝一切恶性的商业竞争手段，在良性竞争中实现共同进步，共同发展。

迄今为止，全世界绝大多数的国家都走上了市场经济的道路，这也表明市场经济确实具有极强的吸纳能力和兼容能力。而在以市场经济为研究对象的西方经济学中，无论是交易成本理论、需求定律还是帕累托最优定理，实际上都是以公平竞争和利益最大化为基本前提的。

市场经济的产生与发展在社会政治文化方面有四个要点：

第一，全民的平等。

契约化是市场经济下人的根本交往方式，也是实现并遵守规则的保证。而社会契约想要得到法制的保障，前提条件就是确立人与人之间的平等关系，只有地位平等，契约才能真正起到规范作用。

第二，普遍的自由。

劳动者是市场经济中不可缺少的重要因素之一，而只有在自由的社会制度下，才可能存在可供自由雇佣的劳动者。14、15世纪的圈地运动，从经济上分离了生产资料与劳动力，让自由劳动与自由雇佣成为可能；17、18世纪的资产阶级革命，以立法形式确立了"天赋人权"，宣告人类生而平等。这些都是市场经济形成的基本前提。

第三，所有权的清晰。

这里包含了两方面的内容：一方面是人们对自身劳动力的所有权，人具有自由、平等与独立等特性，不属于任何个人或组织；另一方面是财产的所有权，个人财产是神圣不可侵犯的，因此，一切通过正常社会经济活动所获得的财富，都应得到法制的保障。以上两点所有权的清晰，可以说是经济活动的原动力，同时也是市场经济形成的重要前提。

第四，利他精神的传播。

自从启蒙运动之后，利他精神也得到了全新的阐释。比如要求每个社会成员都要提高自身素质和道德修养，向社会负责，做到孜孜不倦、自强不息，以诚实而勤奋的劳动去创造财富，为社会做贡献。可以说，利他精神的传播对市场经济的形成是有很大推进作用的，正因为有利他精神的存在，市场经济才能长期健康地持续发展。

第 7 课 商场博弈的秘密：决战来得悄无声息

你的产品，到底能够活多久

企业之间的竞争与博弈，归根结底，其实就是产品之间的竞争与博弈。产品就像是企业的武器，企业需要利用它占领市场，打败竞争者。这里说的产品既包括有形的产品，也包括无形的产品，如企业所能给客户提供的服务等。

任何一种产品都是有"存活"期限的，也可称为"生命周期"。那么，什么是产品的生命周期呢？众所周知，一种产品在进入市场之后，其销售量与利润都会随时间的推移而发生改变，通常来说会呈现出一个由少到多，再由多到少的过程，就好像人的生命一样，从诞生、成长到成熟，然后又从成熟到衰老，最终走向死亡。从产品进入市场开始，到最终退出市场为止，这个时间段就是产品的"生命周期"。

能决定产品在市场上竞争力大小的，除了产品本身的价值和实用性之外，企业的营销与宣传同样是非常重要的。在产品不同的生命周期阶段，企业的营销与宣传手段也有所不同，只有准确判断清楚产品究竟处于生命周期的哪一个阶段，我们才能使用正确的策略，以免造成不良影响。

某家创业公司将一项计划提上了日程，即打造一款能够改变世界上人们传统学习方式的App。

　　这一想法是非常伟大的,其初衷也很值得肯定,但问题就在于,该公司完全错误地估算了这款App产品的生命周期,导致很多营销策略都没能及时跟上,白白浪费了一个大好的机会。

　　因为没有正确预估产品的开发情况,以至于该产品都已经上线两个多月了,公司方面还没有开始做市场推广;好不容易产品总算是正式进入成长期,结果公司老板却认为自己的产品已经发展得很成熟了,可以进行下一步操作,于是便开始拉融资;为了吸引投资者,公司方面夸大宣传,说自己的产品已经发展成熟,占据了很大一部分市场,结果,因产品实际情况与公司描述差距极大,导致公司信誉受损,产品推广也因此受到阻碍……

　　可见,对于企业来说,准确判断产品的生命周期是非常重要的,只有我们明确了产品的每一个发展阶段,才能有针对性地制定正确的营销策略。

　　那么,不妨一起来了解一下产品的生命周期究竟是怎么回事。

　　通常来说,产品在经过研究开发、试销之后才会正式进入市场,而产品的生命周期也是从进入市场这一刻开始算起的,到产品退出市场的时候结束。典型的产品生命周期一般分为四个阶段:

第一，投入期。

产品一进入市场，就意味着进入了投入期。在这个阶段，产品还没有什么知名度，客户对产品也并不了解，通常来说，只会有一部分喜欢追求新奇和刺激的客户捧场，所以这一阶段的产品销量通常都不会太高。

在这个阶段，企业的当务之急就是扩展销路，打响产品知名度，要做到这些是需要很大一笔营销费用的。此外，由于技术原因，此时的产品或许还不能够进行大批量生产，故而生产成本会比较高，销售额增长也十分缓慢。在这样的状况下，企业很可能非但得不到利润，甚至可能会亏损。如果发生这样的状况，那么企业方面一定要有足够的耐性来应对。

第二，成长期。

在进入成长期之后，产品已经实现了大批量的生产，生产成本也相对降低不少。此时，在企业的营销作用下，产品已经有了一定的知名度，被越来越多的客户所熟悉、所购买。产品成本的降低，企业销售额的迅速攀升，致使利润也一直稳步增长。

在这样的状况下，竞争者们发现有利可图，必然会纷纷跟风进入市场，生产同类产品来参与竞争。如此一来，同类产品的增加，必然影响到市场的供求关系，从而导致价格随之下降，企业利润增长的速度也随之而减缓，并最终达到产品生命周期利润的最高点。

在产品成长期，可以考虑采用以下策略，更好地与竞争者们抗衡：

一是改善产品品质。如给产品增加新的功能，或推出新的款式，发展新的型号等，也可以想办法开发产品的新用途，给老客户增加新鲜感。此外，改进新产品还可以有效提高产品的竞争力，满足客户更多的需求，从而吸引更多的客户。

二是改变广告宣传重点。在广告宣传的时候，把重点逐渐从介绍产品转移到建立产品形象上来，我们之所以树立新的品牌，为的就是能够更好地维系老客户，吸引新客户。

三是适时折扣。在适当的时机，可以在一定情况下，考虑采取降价策略，以激发那些对优惠比较敏感的消费者，让其产生购买的愿望，进而发生购买行为。

第三，成熟期。

当市场需求趋向于饱和，且已经几乎不存在潜在客户，销售额的增长逐渐停滞，甚至开始呈现下降趋势的时候，说明产品已经进入了成熟期。在这一阶段，市场的竞争力将逐渐加剧，产品售价也将会开始降低，为了维持产品的销售情况，促销费用将逐渐增加，企业的利润则开始逐步下降。

以下三种策略可以有效帮助企业延长产品的成熟期：

一是调整市场。所谓调整市场，意思就是在产品上开发新用途，或者改变原有的推销方式，以吸引新的客户群，从而增大产品的销量。

二是调整产品。所谓调整产品，就是通过对产品自身的调整来满足不同客户的需求，以此来吸引那些有着不同需求的客户。

三是市场营销组合调整。市场营销组合包含四个方面的内容，即产品、定价、渠道和促销，通过对这四个方面内容的组合调整，可以在一定程度上刺激销量的回升。比如产品降价、加大促销程度、扩展分销渠道以及提升服务质量等。

第四，衰退期。

在科技飞速发展的今天，越是科技含量高的产品，更新换代的速度就越快。在度过成熟期之后，随着新产品或新的代用品出现，原产品将会失去客户的青睐，导致产品销售额和利润迅速下降，产品则进入衰退期。

在产品衰退期，企业需要完成的任务就是，通过认真的研究与分析，决定以什么样的策略，在什么样的时间退出市场。

一是保持原有计划。如果产品在衰退期的销售状况与预期情况差不多，那么可以继续保持原本的策略，一切都按照之前的进行，直至产品完全退出市场，不需要做任何改变。

二是集中资源能力。如果企业有新的项目，不愿意在产品衰退期浪费过多的时间，那么可以将企业能力和资源都集中在最有利的细分市场和分销渠道上，从中汲取最大利润，并缩短产品退出市场的时间。

三是收缩目标客户。进入产品衰退期之后，就意味着产品已经没有多少市场潜力了，这种时候，不妨果断抛弃那些没有多少希望的客户群体，也不需要再在促销上继续投入，这样可以在节约成本的同时加速产品在市场上的衰退，同时也依然能够从忠实于该产品的客户身上得到一定利润。

四是直接放弃经营。如果产品衰退比较迅速，已经没有任何拯救的价值与可能,那么就该当机立断,直接放弃经营,比如将产品直接停产或者完全转移出去。这样可以最大限度地节约资源,并让企业能够将更多的时间投入到经营新产品上。

想当寡头,可没有那么容易

所谓寡头,原本意思指的是为数不多的销售者。而寡头市场,指的就是少数几家厂商占据某一行业的市场,并控制了该行业的供给。也可以这么理解,寡头市场就是只有少数几个生产者相互竞争的市场。

寡头市场与垄断市场是不一样的。垄断市场上只有一家企业,并且也不存在和其他企业之间的关联。但寡头市场不同,它的一个重要特征就是,几家企业之间的相互关联性。

在寡头市场上,企业虽然不多,但每一家企业的决策,都会影响到其他企业,乃至整个市场。这其实不难理解,在寡头市场上,几家寡头厂商的产量必然占据了这一行业总供给的很大比例,每一家厂商都拥有相当大的份额,而每一家厂商之间又都存在着不同形式的竞争关系,这样一来,无论哪一家有什么决策和动作,必然都会造成举足轻重的影响。

举个例子:一个寡头市场上的三家企业,如果有一家突然决定要降低自己产品的价格,但另外两家并不打算降价,那么可以

第7课 商场博弈的秘密：决战来得悄无声息

预见，这家企业的产品销售量将会大大增加，从而导致另外两家的产品销售量有所减少。这样一来，如果不想继续蒙受损失，那么另外两家必然也要采取降价措施。而如果另外两家也跟着降了价，那么最先降价的企业销售量必然就会回落，所得的利润也会相应减少。

所以说，在寡头市场上，每一家企业在做出决策之前，都要先预测一下其他企业会有什么样的反应以及这些反应会对自己接下来的利润产生什么样的影响。这种企业之间的关联性，正是寡头市场的一大特点，也使得寡头市场在价格与产量的决定上变得相当复杂，不同于其他市场。

寡头市场形成之后通常都具有较强的稳定性，虽然从理论上说，任何企业都是可以进入寡头市场的，并不存在任何天然或法律的进入限制。但寡头市场本身的规模经济和范围经济实际上就是一种天然的"屏障"，在寡头市场中，每个厂商的产量都是十分巨大的，这就决定了只要这几家厂商存在，那么市场就不会有"空缺"，其他企业再想来分一杯羹就很困难了。

更何况，刨除客观因素来说，已经存在的几家寡头企业也不会愿意再有其他人来瓜分自己的利益，必然会运用各种手段阻止其他厂商的进入。所以，通常来说，已经形成的寡头行业稳定性是非常强的，进入的阻力也非常大。

以我国通信市场为例，先来看一看中国通信市场的发展与变迁：

1994年，联通成立，打破了一直以来电信完全占领市场的局面。

1999年，中国移动成立。

2001年，固定电话企业进行重新整合。

2002年5月16日，中国电信和中国网通成立。

2008年5月23日，中国联通CDMA（包括资产和用户）被中国电信收购，中国卫通的基础电信业务并入中国电信，中国联通与中国网通合并，中国铁通并入中国移动。

经过这一系列的发展和重组之后，三家运营商都可以经营移动业务和固网业务，加上品牌功能同质化，三家运营商在所能提供的服务与功能方面也有着极高的重合性和相似性，使得企业之间的竞争性自然也得到进一步的加强。

如今，我国的通信市场在重组之后已经确立了多寡头鼎立的格局，形成了中国移动、中国联通和中国电信三大寡头通信运营商并立的局面。在其中，联通的优势相对要弱一些，电信在近几年有所发展，移动则仍旧占据主要领导地位。选择正确的措施，加强三家寡头企业之间的平衡，建立理想的竞争格局，更有利于我国通信事业的长远发展。

从我国通信市场的发展与变迁就能看到，寡头市场的稳定性确实是很难打破的。在已经成型的寡头市场中，厂商们的决策可以相互影响，其产品和服务也会有着越来越高的重合性与相似性。为了争夺市场份额，厂商的竞争手段也是多种多样，层出不穷的,但与此同时,市场的价格依旧能保持相对稳定,毕竟每一个决策都可能"牵一发而动全身",所以任何一个寡头企业都不会轻易就做出有可能危害到整个行业的决策。因此,在寡头市场中,只要企业之间的平衡不被打破,那么彼此之间的竞争是能够促进行业向前发展的。

通常来说,容易形成寡头的,大部分都是钢铁、汽车、造船这类的重工业,而这些重工业都有一个基本特点,即这类产品想要获得好的经济效益,就必须进行大规模生产。而且,这些行业所涉及的生产设备几乎都是先进的大型设备,并且还必须有精细的专业分工,这样一来,就使得进入这些行业的企业,在投资之初都需要投入十分巨大的资本,只有在未来产量达到一定规模之后,其生产的平均成本才会有所下降。

从经济效率的角度来看,相比垄断市场而言,寡头市场是存在竞争的,甚至有时竞争还特别激烈,因此其效率要比垄断市场高。但从另一方面来说,为了满足消费者的不同偏好,寡头市场上通常也存在一定的产品差异,这就缓解了效率方面的竞争。此外,寡头企业的规模往往都比较大,在生产技术革新方面有着天然的便利,而激烈的竞争从某种程度上来说,又推动了厂商加速产品的技术革新。因此,在这种种复杂因素的影响下,许多国家都曾试图通过限制寡头厂商低效率来进一步鼓励寡头市场的竞争。

为了解释寡头市场上价格与产量的问题,经济学家们提出过各种模型与理论。

第一，古诺模型。

古诺模型又称为古诺双寡头模型，是早期的寡头模型，由法国经济学家古诺在1938年提出。该模型是一个只涉及两个寡头厂商的简单模型，它假定在某种产品市场中，只有两个卖者，且这两个卖者之间没有任何勾结行为，但相互都知道对方会怎样行动，从而各自确定最优产量来实现利润最大化。

即在当行业中寡头厂商的数量为m时，可以得到这样的结果：每个寡头厂商的均衡产量＝市场总容量/（m+1）；行业的均衡总产量＝市场总容量·m/（m+1）。

这一模型的结论可以很容易地推广到含三个或三个以上的寡头厂商的情况中。

第二，折弯的需求曲线模型。

某寡头企业提高价格，若竞争中置之不理，那么提价企业的需求量将会因提价策略而大幅度下滑，运用弹性原理，因市场需求富有弹性，故其需求曲线比较平坦。

某寡头企业降低价格，若竞争者为争夺利润而跟随降价，那么降价企业的需求量扩大将会变得十分有限，需求缺乏弹性，此时的需求曲线就会比较陡峭。

第三，卡特尔模型。

这种模型描述的是一种正式的串谋行为，能够使一个竞争市场变成垄断市场，是寡头市场中的一个特例。卡特尔常常是国际性的，以扩大整体利益为主要目标，为了达成这一目的，卡尔特内部将会签订一系列的协议，并以此来确定整个卡特尔的产量和产品价格,然后再按照协议约定将配额分配给企业。

卡特尔存在着天然的不稳定性,导致这种结果的,主要有两方面的因素:一是潜在进入者的威胁,当卡特尔将产品价格维持在较高水平的时候,必然会吸引新企业的进入,一旦有新企业进入市场,那么很可能就会通过降价手段来争夺市场份额,这样一来,卡特尔想要继续保持原先的高价就不太可能了。

二是卡特尔内部成员的欺骗动机,虽然企业之间有明确的协议约定,但这并不足以完全约束企业的行为。如果有企业成员因为想要获得额外好处而偷偷增加产量,那么势必会导致市场上产品的总供给量上升,如此一来,市场价格就必然会下降,卡特尔的"限产提价"也就自然被瓦解了。

有一种盈利,叫规模利益

去过健身房或上过培训班、兴趣班的人都知道,不同规模的课程价格上的差距是比较大的,比如一对一的私教课程往往就要比一对多的课程贵得多,而在一对多的课程里,通常还会分为人数较多的大班和人数较少的小班,而小班课程自然又要比大班课程贵上一些。

这其实很正常,从教练或老师的角度来说,教授不同规模的班级,他们所花费的成本实际上也是有所不同的。教授一对一的课程，教练或老师的时间成本相当于就全部都花在一个学生身上，相应的，他们的盈利也只能从这一个学生身上获取。

但如果是教授一对多的课程，那么教练或老师所投入的时间成本不变，但均分在每一个学生身上的时间成本就变小了，而相应的，他们的盈利也是从所教授的学生们身上获取的。这样一来，哪怕从每个学生身上获取的盈利都比较有限，但在人数的基础上一累加，总盈利甚至可能高于一对一课程上从一个学生身上获取到的盈利。

可见，很多时候，规模搞上去了，成本也就降下来了。这就是所谓的规模经济，也称之为规模利益。从定义上来说，规模经济指的是在一定科技水平下生产能力的扩大，使长期平均成本下降的趋势，即长期费用曲线呈下降趋势。

所谓"规模"，指的就是产品的生产批量，包括两种情况：一是在生产设备条件不变，即生产能力不变的情况下，生产批量发生变化；二是在生产设备条件，即生产能力变化的情况下，生产批量发生变化。规模经济中所说的情况通常是指后者，即因生产能力的提升而促成的生产规模的扩大。

很多企业发展扩大到一定时期，往往都会开始计划扩大生产规模，之所以如此，很大程度上就是为了通过增加产品的生产规模来降低单个产品的生产成本。试想一下，在产品销售价格不变的情况下，如果能够有效降低生产成本，那么企业所获得的利润自然就能得到提升。但需要注意的是，规模经济强调的，是能够实现经济效益最佳的生产规模，而不是不顾市场实际情况的盲目

第7课 商场博弈的秘密：决战来得悄无声息

扩张。事实上，盲目扩张不仅不能有效降低生产成本，反而可能因为过犹不及而导致经济效益的下降，甚至让企业走入规模不经济的困境。

IBM大家都不陌生，它曾是闻名世界的国际IT业巨头。

1950年初，IBM生产了改变人们工作方式的电脑，在美国商业史上留下浓墨重彩的一笔。1960年，小沃森力排众议，大手笔地投入了50亿美元，研制出举世瞩目的S/360，要知道，这笔投资甚至超过了当时美国研制原子弹的费用。此后，IBM又相继推出了S/370、S/303x、S/4300等，无一不在市场上取得巨大成功，使得IBM成为大型机市场当之无愧的霸主。

然而，这样的辉煌也给IBM埋下了不少隐患。当世界在日新月异地改变时，IBM的管理层却依旧沉浸在辉煌与成功的历史中，对公司的未来持盲目乐观的态度，一次又一次地错过了发展的机会。

个人电脑市场的起步让微软开始崛起，而IBM却对这一切都视而不见，直至微软拥有了操作系统，英特尔雄踞微处理器市场。

1992年，堪称是IBM发展历史上最为惨淡的一年，在这一年，公司的总收入为645亿美元，而亏损却达到了497亿美元，堪称是美国公司历史上最大的净亏损。IBM公司的股价下跌了50%，那时候，几乎所有投资者都认为，这位昔日称雄

IT市场的"蓝色巨人"已经走投无路。

就在这个时候,郭士纳挺身而出,对IBM的管理进行了大刀阔斧的改革,让IBM实现脱胎换骨的转变:精简机构,裁汰冗员;建立务实的薪酬体系;摒弃官僚主义。

在郭士纳的大力改革之下,IBM重新焕发了生机,到郭士纳离任的时候,IBM的股价上涨了800%以上,市值增加了1800亿美元,创造了商界扭转乾坤的一大神话。

从IBM的案例可以看到,盲目扩张对企业造成的打击是致命的,企业在追求规模扩大,取得规模利益的同时,应该明白这样一个道理:要想上规模,先得上管理。郭士纳也正是从管理着手,才将IBM从规模不经济的困境中拯救出来的。由此可见,产生规模经济的重要条件之一,就是实现企业生产规模与管理效率相统一,二者缺一不可。

在市场经济中,企业总是追求规模经济,而避免规模不经济的。要做到这一点,企业就必须了解最佳经济效益的合理规模及其制约因素以及各种不同经济规模之间的相互联系和配比,揭开经济规模结构的发展趋势,这对于发展社会生产力是有重要意义的。

企业要想取得最佳的经济效益,就必须懂得根据生产力因素数量组合方式变化规律的要求,自觉地选择和控制生产规模,以实现生产量的增加和成本的降低。规模经济包括部门规模经济、城市规模经济以及企业规模经济三大类,而在西方的经济学中,规模经济主要就是用来研究企业规模经济的。

在市场中，制约规模经济的主要因素有四点：一是自然条件，比如石油储量就决定了油田开采的规模；二是社会经济条件，包括资金、劳动力、运输、市场等方面的影响；三是物质技术装备，比如化工企业的化工设备和装置能力就直接影响了化工企业的规模；四是社会政治历史等条件。

有市场的地方，就要提防道德垃圾。

中国有个词语大家都很熟悉，叫作"无奸不商"，意思就是说，不奸诈的人是做不了商人的。还可以反过来说"无商不奸"，意思就是说，商人全都是奸诈的。这两个词语常常被人们连起来打趣，略带俏皮，却也都是贬义词。

有意思的是，这两个词语最初的原型其实是"无尖不商"。古代时候的米商做生意，在给顾客装米的时候，除了把斗装满，通常还会再多舀上一些做"添头"，让斗里的米冒尖儿，"无尖不商"这个词语便是这样得来的。可谁能想到，随着时代的发展，这个原本是因商家做生意时给顾客让利而得来的词汇最终竟会演变成为所谓的"无奸不商""无商不奸"，就连意思都发生了翻天覆地的变化。

由这一个词语的演变，实际上也能看出，在现实生活中，但凡是有利益的地方，必然就会滋生出道德垃圾，而利益最多、流动性最强的地方，自然就是市场。有市场、有交易，就难免会诞生道德风险。

道德风险一词是在20世纪80年代，由一位西方经济学家所提出的一个经济哲学范畴的概念,它并不等同于道德败坏。道德风险主要指的是,在经济活动中一些不讲道德、损人利己的危险行为。经济学家赋予它的定义是:从事经济活动的人在最大限度地增进自身效用的同时做出不利于他人的行动。

在经济活动中,道德风险是一个普遍存在的问题。荣获2001年度诺贝尔经济学奖的著名经济学家斯蒂格里茨在研究保险市场的时候,讲过这样一个非常经典的案例:

美国一所大学经常发生学生自行车被盗事件,几个颇有经营头脑的学生在发现这一状况之后,便萌生了一个想法:面向学生发起一个对自行车的保险。

有了想法之后,几个学生迅速展开市场调查,发现该大学自行车被盗率高达10%,于是众人在商议过后,将保费定位在保险标的物的15%。按照这个数据,最终这几个学生应该能够从保险中获得5%左右的利润。

但是,令人意外的是,在该保险运作一段时间之后,这几个学生却发现实际情况与预期有较大出入,该校学生的自行车被盗率居然迅速提升到了15%以上。对于这个结果,大家都觉得很意外,在经过深入的走访调查之后,他们发现,原来自从有了保险之后,许多投了保的学生因为不再需要完全承担自行车被盗的风险后果,于是便松懈了对自行车防盗的管理,甚至有很大一部分学生对于自行车的安全防范直接采取了不作为的行为。

在这个案例中,学生因为买了保险而采取对自行车安全防范的不作为行为,实际上就是道德风险的一种体现。可以说,只要市场经济存在,那么道德风险就是不可避免的,我们永远不可能完全杜绝这种自私行为。

道德风险的特点主要有以下几点:

第一,风险潜在性。

很多道德风险都是具有潜在性的,比如企业在明知无力清还贷款的情况下依然向银行发起借贷,之后又逃避银行债务的行为,就是道德风险的一种体现。而在这一行为没有暴露出来之前,这种风险就是潜在的。据调查,2014年,我国国有企业的平均资产负债率已经达到了64.5%左右,这其中,有80%~90%的负债均是来自于银行贷款。

第二,风险破坏性。

道德风险往往会促进企业不良资产的形成,而在不良资产形成之后,假如企业能够及时止损,本着合作的态度与银行展开洽谈,那么还是有希望能够将双方的损失降至最低的。但可惜,在现实生活中,许多企业在这样的状况之下,往往会选择逃避,致使银行不得不耗费大量的财力、物力和人力来进行债务的追讨,造成难以弥补的损失。

第三,风险长期性。

道德风险说到底其实就是一个观念问题,但观念恰恰正是最难转变的,需要一个长期的、潜移默化的过程。无论是培养银行与企业之间的契约精神，还是建立有效的信用体系，都是一个非常漫长的过程，需要付出几代人的努力。

那么，有没有什么办法能够化解道德风险，还市场一片清净呢？

首先建立相关法律制度。建立信用体系可以有效压缩甚至消除道德风险发生的空间。而信用体系的建立，一方面需要相应的意识形态领域教育作为基础；另一方面则需要建立相关的法律制度，从法制上确立对道德风险犯罪的惩治与打击，尤其是那些发生在金融领域的道德风险犯罪。

其次，增强风险意识。在日常经营管理中，银行内部的经营人员应当有意识地培养金融风险防范意识，只有先从内部消除漏洞，未雨绸缪，才能有效防范经济行为中潜藏着的诸多风险。

最后，提高信贷不良资产界定的预见性和信贷风险预警系统的灵敏度。目前，我国很多银行仍然缺乏一个综合、可信的违约数据和损失覆盖数据，因为监管跟不上，所以很多时候对信贷风险的预警都达不到理想效果。更重要的是，由于缺乏充分而又可靠的信息，在道德风险防范的问题上也就困难重重了。而提高信贷不良资产界定的预定性及信贷风险预警系统的灵敏度，则能有效防范和化解可能出现的道德风险，以增强银行防范风险的能力。

第7课 商场博弈的秘密：决战来得悄无声息

博弈——企业在商场上的生存通道

无论是在商场上还是在生活里，人们之所以会参与博弈，往往就是受到某种利益的驱使。利益越重要，那么被利益驱使的人就会越多，参与博弈的竞争也就越激烈。

商场上的利益都是有限的，企业想要生存下去，就必须参与博弈，抢占利益。可以说，博弈是企业在商场上唯一的生存通道。

有两家皮鞋厂各派了一名推销员到太平洋上某个岛国去开辟市场。两个推销员到达后第二天，各自给自己的工厂报告情况。

第一个人说："这座岛上没人穿鞋子，当地人都光着脚，我看没什么市场，我决定明天搭第一班飞机回去。"

第二个人报告的是："这里的前景好极了，我将驻守此地开展业务。这个岛上没有一个穿鞋子的，这真是一个潜力巨大的市场。"

结果，第二个人取得了巨大的成功。

没有人穿鞋子，在第一个人看来没有市场，而在第二个人看来这是一个市场空白，也就是一个待开发的巨大市场。

市场的空白，其实是一个巨大的财富金矿，只要你开发了，你就是这个市场上的"老大"，根本没有竞争对手，想不赚钱都难。对于致富无门的人来说，哪里还有比空白市场更好的地方呢？

在市场竞争中，先行者的优势总是不可动摇的，因为他能够在所有人之前抢占了市场，成为博弈中的先行者，就能牢牢将优势掌控在手里。

各种博弈归根结底其实都是资源和利益的争夺战，而这些博弈中的胜负，往往都是由得到多少来判断的。根据所竞争资源和利益性质的不同，博弈可以分为以下几个种类：

第一，正和博弈。

正和博弈中，可供争夺的资源是相对比较充足的，在这样的博弈中，制胜的关键在于自身的占有能力，竞争的主要内容也是围绕对资源的争夺，而非攻击对手。在一些极端的情况下，如资源无限，你甚至不需要和任何人发生争夺，只要努力提升自己的占有能力就行了。比如掌握知识的竞争就属于这种极端情况下的正和博弈。

在资源不太丰富的正和博弈中，既存在对无主资源的争夺，同时也存在对彼此占有资源的攻击和抢夺，在这种情况下，只有那些即便在别人攻击下也不会被夺走的资源，才是我们在博弈中真正占据的稳定资源。

第二，正和常量博弈。

正和常量博弈，即各方所得是一个恒定的正值。那么，随着这个正值的增大，博弈中的竞争激烈程度将会逐渐变小，当资源丰富到足以满足各方竞争者的需求时，那么也就不会再引发竞争了。但如果资源总量远远少于各方需求的总量，那么数值越小，竞争就会变得越激烈。比如像土地资源和水资源都属于恒定资源，而在水资源匮乏的地区，人们对水资源的争夺就会比较激烈。但如果是在水资源充足的地区，那么就不可能发生争抢水资源的情况。

第三，零和博弈。

零和博弈，即各个博弈方所得的总和为零。简单来说就是，一个人赢了多少，那么就意味着另一个人输了多少，换言之，你所赢得的一切都是从别人手里抢占的，这种情况恰恰最容易引发激烈的竞争。

在零和博弈中，任何一个人的胜利都是建立在他人的失败之上的，你想要赢，就必须让别人输。股神巴菲特就打过这样一个比喻，他说："这就好比在打扑克牌，要是你玩了一阵子之后，还看不出谁是这场牌局里的输家，那么，这个输家肯定就是你了。"

不想输你就必须赢，必须抓住别人的弱点，并防御好自己的弱点。

第四，负和常量博弈。

负和常量博弈指的是，在竞争的结果中，各方所有的总和将会比竞争开始之前少。比如角斗士进行决斗的博弈，一开始参与双方都是活着的，但在博弈结束后，可能只会剩下一个活人，这就是负和常量博弈，也是博弈中最为残酷的一种方式。

第五，变和博弈。

变和博弈的总体效果最终取决于参与博弈的各方所采取的行动，博弈方所选择的策略不同，最终得益总和也会有所不同。比如在同一个股票市场里，面对同样的大盘走势，投资者的投资策略不同，可能会导致大部分人赚钱而小部分人亏钱，也有可能会导致小部分人赚钱而大部分人亏钱，甚至可能会所有人都赚钱或所有人都亏钱。在这个过程中，博弈方的得益是一个不确定的变量，无法用确定的常数表现出来，所以变和博弈也称之为"非常和博弈"。

第 8 课 当危机如约而至，我们应该亮出何种招式

经济发展，有繁荣就有衰退，有景气就有危机。不管是哪一个国家，都有可能发生经济危机，谁也无法准确地预测到经济危机。而面对危机的来临，我们只有积极应对，采取积极的货币和财政政策，才能从危机中看到转机。

第8课 当危机如约而至,我们应该亮出何种招式

投机者的惯用操作——热钱涌入

2012年11月13日,人民币对美元汇率触及6.2262的涨停价,连续第11个交易日触及交易区间上限。而之前,人民币对美元汇率在交易市场多次"涨停"——10月25日,人民币对美元汇率达到6.2417,是自2005年汇改以来第一次触及"涨停板";第二天,外汇市场一开盘,人民币对美元汇率立即封停,达到6.2380的位置,创下了四个月以来的新高。从2005年到2012年,人民币汇率升值高达23.95%。

人们或许会问,人民币升值不好吗?确实,人民币升值有利于物价的稳定性、货币购买力和居民收入的提高,同时还有利于我们从进口商品中获得更多利润。可人民币持续升值也有一定的弊端,其中最大的危害就是会刺激"热钱"大量涌入。

可以说,人民币升值和资本流入是一对孪生兄弟,人民币升值预期越严重,资本流入越厉害。什么是热钱?热钱,又称为游资,或称投机性短期资本,这一部分资金规模大、流动快、趋利性强。它是为了追求高回报而在市场上迅速流动的短期投机性资金,其特征就是短期、套利和投机,目的就是纯粹投机盈利。在很多国家尤其是发展中国家眼中,热钱就是一只非常可怕的"金融鳄鱼",一旦大量热钱涌入,该国家的货币政策和金融秩序就

会受到严重破坏,通货膨胀的压力就会持续加大。

热钱是来无影去无踪的,人们很难知晓是谁掌握了它,它什么时间流进什么时间流出,以及它流入的规模是大还是小。因为无法掌握其规律,所以人们也很难预防、控制它——这就是热钱的最可怕之处。

事实上,我国近些年有多次热钱涌入,2010年热钱流入355亿美元,占当年的GDP达0.6%,2013年热钱流入高达1000亿美元。据媒体报道,2018年前三个季度就有430亿美元热钱涌入教育领域,教育行业共计发生445起融资事件。随着我国影视业的快速发展,大量包括来自矿业、房地产业、股市等领域的热钱流入影视文化市场。

然而热钱只为了赚钱,它们流入中国市场并非真正投资而是投机,大量短期资本通过各种渠道进入,集中投资某行业,不仅会推高物价上涨,还有可能造成某行业的虚假繁荣。而且一旦看到"无利可图"或是看到"行业前景不好"便迅速撤出,造成市场的动荡甚至是货币危机。

举个例子,影视行业热钱的涌入使得该行业乱象丛生——明星资本化、高片酬、烂片横行,从而导致行业不景气,票房低迷,出品方亏损严重。在这种情况下,2018年大量热钱迅速撤离,整个A股影视板块集体飘绿、亏损严重。不仅如此,影视行业的融资也变成了一个大难题,华视娱乐、新丽传媒、和力辰光和开心麻花四家公司的IPO全军覆没。据东方财富数据显示,2018年文化传媒板块二级市场资金净流出高达250亿元,虽然行业发展前

第8课 当危机如约而至，我们应该亮出何种招式

景依然可期，却也进入了艰难的寒冬。

不仅是我国，整个世界都充斥着大量热钱，资本市场成了各大金融家游戏的场所，他们利用热钱的流入流出来为自己牟取暴利。

1993年大量热钱流入墨西哥，主要分布在证券市场和货币市场，这些投资虽然给墨西哥证券市场和货币市场带来了繁荣，但是也使得其金融体系面临着巨大危机。一旦热钱撤出，墨西哥就会爆发严重金融危机。

果不其然，1994年墨西哥政局陷入动荡，大量热钱也开始逃离。当时，仅仅是证券市场的热钱流出就高达180亿美元，这直接导致墨西哥爆发金融危机，短短3天时间，墨西哥汇率暴跌42.17%；两个月内，股市暴跌48%。

不仅如此，这次金融危机不仅破坏了墨西哥的经济发展，还使得与墨西哥经济结构相似的拉美国家的经济遭受了巨大冲击。由此可见，热钱的危害究竟有多大！

再比如，香港作为亚洲金融中心之一，向来是热钱来去之地。2009年有逾5000亿港元热钱流入香港；2014年7月，热钱涌入的势头更是凶猛，仅仅一个月就流入90亿美元。

而为了应对热钱的冲击，香港特区政府和中央政府只有通过不断投入强大的外汇储备与之抗衡才能维护汇率的稳定和避免股市的动荡。从2014年7月1日开始，香港金管局先后24次应市场需求沽售美元，向市场注入超过750亿港元；针对

热钱对股市的冲击，股价的暴跌，香港特区政府积极投入大量资金进入A股市场。这样一来，香港才避免了金融危机的发生。

无论在什么情况下，资金大量流入之后又突然大量流出都可能给一国市场和经济造成重大打击。如同伦敦隆巴德街研究所所长黛安娜·乔伊利瓦说的一样："从长期看，这种短期投资绝不是好迹象。"它就是金融危机的背后黑手。

正因为如此，对于很多国家来说，热钱就像是投机者为人们打造的"特洛伊木马"，若是人们只看到它带来的短期利益和虚假繁荣，没有认出它的本质，那么就可能深受其害。那么具体来说，应该采取哪些措施应对热钱的涌入呢？

人民币升值，是热钱流入的最主要原因。只要人民币面临着升值压力，并且这种升值压力继续存在，那么热钱就会千方百计流入以牟取利益。

这就需要我国首先能够加强人民币汇率和利率市场的稳定，保持人民币汇率的基本稳定。人民币汇率持续稳定，并且汇率浮动范围扩大，那么热钱便会无利可图，从而消除涌入的冲动。

其次，加强外汇管理，完善资本项目管理，严格审批资金流入，加大对非法入境的"热钱"的惩罚力度。热钱流入的渠道有所不同，但是终归有迹象可循，国家可以通过加强对于资本引入、项目融资的管理来追寻其踪迹。如果发现异常的外汇流入，国家应该积极进行跟踪调查，确保资本的安全性。同时，国家还应该大力鼓励国内资本的流动和运用，给国内企业投资提供更多便利。

再次，实行严格的货币政策。热钱的涌入和一个国家宽松的货币政策是分不开的。想要抑制不良热钱的涌入，国家应该加强对银行信贷的管理，同时尽快建立有效的货币市场。当热钱引起外汇市场波动时，通过调节货币市场利率来影响利率水平，从而避免热钱的频繁流入和流出。

那些看起来很美却暗藏危机的泡沫

需求一般分为三个部分：一是刚需，二是投资，三是投机。前两者可以说是基本且合理的需求，而后者则大部分是非理性的行为，而这非理性的投机行为则很可能会刺激市场泡沫的产生。

这是因为一旦投资失去了理性，就不会以需求为出发点，反而会盲从、趋利、蜂拥而上，从而导致过度投资。比如，美国人对房地产进行了非理性投资，之后表现出一种狂热的状态，个人投资者狂热地投资，投资银行、商业银行等金融机构也加大放贷力度、降低信用评级、集中大量资金。随之而来的是，美国房地产行业空前繁荣，房产价格持续高涨，投资者越来越多，汇集的资金也越来越庞大。

可这繁荣的背后却也隐藏着巨大的危机，个人投资者负债越来越多,银行不良贷款率持续升高,投资银行过度投资。这一切就像是泡沫一样,美丽却虚幻。终有一天,个人投资者还不起贷款,银行资金链断裂,次贷危机爆发——这美丽的泡沫也破碎了。

可以说,泡沫经济基本上是由于投资过热和非理性投资导致的。由于货币和信贷急速扩张,投机成了一种"热",市场经济出现了繁荣景象。可也正是由于这种扩张是急速的、短期的,投资者的投资也是非理性的、冲动的,所以其中的繁荣伴随着危机。

简单来说,在货币和信贷快速扩张的影响下,市场经济出现了空前繁荣,行业发展非常快速,可这繁荣的景象是虚假的,是被鼓吹出来的"美丽泡沫"。

举个例子,19世纪50年代,西欧国家金融业快速发展,且人们发现了大量金矿,这也促使全球经济出现了繁荣景象。金融行业的发展促进了信贷的迅猛发展,尤其是德国。当时德国为了支付普法战争中的赔款,设立了大量的捐客银行,之后奥地利也新建了大量的建设银行。虽然信贷的快速发展促进了德国乃至西欧等国家的经济繁荣,但这引起了非理性投资的不断扩展,产生了"虚假繁荣"的景象。

虚假的繁荣是经不住考验的,一旦遇到"风吹草动"就可能造成金融系统的危机。而事实上,1873年到1907年间西欧国家先后爆发了5次规模较大的金融危机,其破坏性比以往更大,间隔也越来越短。

再举个例子。一位经济学家说:"房子是用来住,而不是用来投机的。"确实如此,如果购买者购买房子是为了满足刚性需求,那么房产行业繁荣就是一种好现象。可若是购买者是为了投资甚至投机,那么引发的房地产行业过热就可能导致泡沫。

从2004年以来,我国的平均房价持续高涨,增长速度超过了人均收入增长速度的2倍。2015年是全国房价的疯长期,在全国300个大中小型城市中,10个城市的房价上涨超过了40%,9个超过30%。2018年全国房价涨势明显,北京房价高达59868元/㎡,涨幅达到0.45%;南京房价27568元/㎡,涨幅达到0.85%。其他城市房价也有不同程度的涨幅,即便是涨幅不大,可价格也是居高不下。

由于大量投机行为和投机活动,再加上投资者投资过度,我国房地产行业存在着较大的泡沫。主要表现为价格虚高,空置率较高。据统计,2018年我国房产空置率高达20%~30%,仅仅北京五环内,房产空置率就高达27%。房屋空置率高的原因有很多种,但最重要的两点是:很多大城市的居民拥有多套房,既不出租,也不自居;很多投机炒房者掌握着大量房源,想要借此来牟取更多利益。

而与此相对的是,虚高的房价使得大部分工薪阶层买不起房,甚至很多人放弃了买房的想法。很多经济学家认为,我国的房地产行业泡沫正处于"破裂的前夜",如果任凭房地产行业肆意发展、泡沫任意吹大，那么终有破灭的一天。

摩根士丹利首席经济学家史蒂芬·罗奇曾经说过："目前全球2/3国家和地区正面临房地产泡沫危机，而即将到来的货币政策调整，将为全球房地产和世界经济带来更巨大的风险。在所有房地产泡沫国家和地区中，中国排第一。上海和北京因占中国销售量的14%，且房价涨幅最大而将首当其冲。"

可以看出，泡沫经济就是一种或一系列资产在经历连续的涨价后，其市场价格远远高于实际价值的经济现象。它的本质是商品的虚拟价格偏离了它本来的价值，而那些多出来的部分就像是洗衣机里面的泡沫一样。虽然这泡沫被吹得很大、很美丽，可却是虚幻的、不真实的，一旦被碰触就会瞬间破裂。

泡沫经济会表现出经济的繁荣，金融证券、地产价格的飞涨，但是这种繁荣是昙花一现的，而且对于经济的发展具有很大的危害。

同时，经济泡沫还会造成投资的过度和盲目，造成资本的浪费。因为在盲目的乐观中，投资者会普遍提高投资积极性，但是他们投资的资本已经远远超过了实际投资需求。一旦泡沫破灭，投资者就会遭受巨大的损失。比如19世纪40年代英国铁路行业发展迅速，很多投资者高估了投资前景，仅仅在伦敦与彼得伯勒就修建了三条铁路。实际上，两个城市之间只需要一条铁路就够了。之后泡沫破裂，英国铁路企业严重受损，国家经济也受到了严重打击，陷入了长期的低迷之中。

除此之外，经济泡沫会导致物价持续上涨，投资者盲目投资，市场秩序被扰乱。以房地产为例，炒买炒卖的投机性投资会导致房价暴涨，之后，在房价持续上涨的过程中，投资者会随大流盲目投资，甚至不是努力避免泡沫而是试图与泡沫一起膨胀。同时，房地产价格上涨过快，导致房地产市场秩序受到严重扰乱。

所以说，泡沫只是看起来很美丽，而且泡沫越大就越有随时破裂的危险。

华尔街起"风灾"，全世界都受害

金融危机，又被称为金融风暴，是指一个国家或几个国家与地区的全部或大部分金融指标的急剧、短暂和超周期的恶化。这些金融指标包括短期利率、货币资产、证券、房地产、土地价格、商业破产数和金融机构倒闭数等。而金融危机可分为货币危机、债务危机、银行危机、次贷危机。由于金融市场越来越多元化、联系越来越密切，金融危机越来越呈现出混合形式的危机。

2008年国际金融危机就是由美国次贷危机引起的银行危机、债务危机，最终爆发为金融危机。这里我们应该先了解一下美国的次贷危机，它是指因为次级抵押贷款机构破产而引起的投资机构被迫关闭，从而引起股市发生剧烈震荡的金融风暴。

我们都知道，投资银行的杠杆倍数比较高，风险自然也比较高。当时美国房地产行业发展迅速,大多数美国人开始购买自住房和投资甚至投机房产,而金融机构为了赚取更多的利润,降低了信用标准,发明了次级贷款。

随着次级贷款的不断发展,买房者越来越多,贷款利率也不断提升,这个时候次贷的高风险就显现出来。当房价开始下跌时,投资者手中的房产急速贬值,负债却越来越大,卖掉房子的钱还不够偿还贷款。于是破产者越来越多,违约者也越来越多,这导致投资银行大面积亏损。

2008年美林第一季净亏损达19.6亿美元,且连续三季度亏损,股价暴跌21.3%;花旗集团一季度净亏损51.1亿美元;雷曼兄弟第二季度亏损额约28亿美元,即每股收益-5.14美元,破产前负债6130亿美元。美国的次贷危机爆发了。

而这一次次贷危机直接引发了巨大的金融动荡,促使华尔街大大小小的金融机构都恐慌不已,之后这股飓风迅速蔓延,波及美国乃至全球金融市场,其发展过程之快、影响之大都是史无前例的。从北美到欧洲再到亚太地区,股市剧烈震荡,房产行业大受打击,甚至很多国家的金融市场崩溃,国内经济连续几个季度衰退。所以,很多人都说这一次金融危机是"百年一遇的大地震"。

以我国为例,2008年我国股市经历了过山车式的暴跌,上证A股指数由6000多点跌至1700多点,深圳股指数由20000多点跌至6000多点。不到一年的时间,股市下跌幅度超过72%,市值缩水最多时达到22万亿。虽然之后我国股市也有回升,但是至今仍未恢复到金融危机之前的水平。

除了次贷危机，国际金融危机最主要的体现还有货币危机，具体来说就是市场流动性不足，信用紧缩，交易大量减少，市场恐慌性抛售以及投资者的信心崩溃。人们对于银行金融行业甚至经济发展越来越没有信心，整个区域内货币贬值严重。之后，受到金融危机的影响，企业大量倒闭，失业率暴增，社会经济普遍萧条，甚至还伴随着社会的动荡和国家的政治动荡。

比如，2008年金融危机爆发之后，我国房地产行业进入真正的寒冬，银行不良贷款风险随之增大，经济增长速度放缓，增速从2007年的11.9%回落到10%，第三季度则进一步回落至9.9%。而为了应对金融危机，促进经济发展，我国政府也采取了适度宽松的货币政策和积极的财政政策，积极扩大内需，帮助企业和行业渡过难关。

除此之外，很多外部客观因素也可能引发金融危机，比如热钱的涌入和膨胀也可能导致金融危机爆发。

最为典型的是索罗斯利用对冲基金引发的亚太金融危机。1997年索罗斯旗下对冲基金疯狂攻击泰铢、港元、台币，导致这些货币汇率急速下降，股市一片混乱。10月23日，香港恒生指数大跌1211.47点，28日下跌了1621.80点，且跌破9000点大关，之后更是跌至6600多点。随着新元、马币、泰铢、菲律宾比索等货币纷纷下跌，东南亚股市损失惨重，引发了大面积的严重金融危机。

而面对索罗斯的攻击，中国中央政府和香港特区政府积极应对，香港金融管理局动用外汇基金，在股票和期货市场投入庞大资金，顶住了金融炒家抛售压力，挽救了股市，并且保障了香港经济安全与稳定，而这次保卫战的胜利则依赖于中央政府强大的外汇储备。

我国政府为了确保亚太地区金融和经济的稳定，还积极参与国际货币基金组织对相关国家的援助，比如我国曾向泰国等国提供超过40亿美元的援助，向印尼等国提供了进出口信贷和紧急无偿药品的援助。正是因为各国的积极行动以及国际货币基金组织的援助，亚太地区各国才度过了金融危机，避免了更为严重的损失。

总之，金融危机就是一股可怕的金融风暴，由于国家与地区之间的金融和经济一体化越来越紧密，不管哪一个国家起了风灾，全世界都将受到波及、损失严重。我们只有积极应对，互相支持才能渡过难关。

通货膨胀到底是在闹哪样

很多人会发现这样一个现象：虽然人们现在工资水平高了、生活水平好了，可手中的钱却越来越不值钱了。同样是100元，能够买到的东西却变少了。也就是说，之前你10元钱能够买10瓶水,可现在10元钱却只能买5瓶水;之前你买一包方便面需要2.5元钱,可现在却需要3.5元钱。

其实,这就是通货膨胀导致的物价水平整体上升,货币购买力普遍下降。那么,什么是"通货"?"通货"又为什么会膨胀呢?

通货就是流通中的货币。在流通过程中,货币供给是根据市场实际需求来决定的,两者保持基本平衡才能更顺畅地流通,并且保持货币的市值稳定。可若是货币供给大于实际需求,也就是供过于求,那么就会导致货币贬值,购买力下降,从而导致一段时间内物价普遍而持续地上涨。

需要注意的是,普遍和持续这两个概念是我们区别通货膨胀和物价上涨现象的最重要因素。而除了物价上涨和货币贬值,通货膨胀还伴随着信用膨胀这一因素。也就是说,货币供过于求、物价持续普遍上涨和信用膨胀是三位一体,不可分割的。

一般来说,通货膨胀只有在纸币流通的条件下才会出现,在金银货币流通的情况下是不会产生的。这是因为纸币并不具备真正价值,它只是代表一般等价物的符号而已。纸币不具备储藏手段的功能,也不能自发地调节流通中的货币量。当纸币发行过量的时候,市场上流通的纸币就会超过实际需求量,就像是实物商品一旦供过于求,其价格就会下降一样,纸币也会随之贬值。

正因为如此,纸币虽然是国家发行,只要开动印刷机就可以大量地印刷纸币,但是每个国家都不会如此做。每个国家都会通过央行来监管货币的流通,调节流通中的货币量,从而达到供求的平衡。

那么,通货膨胀对于我们每个人乃至国家经济又有什么影响呢?

对于个人来说,通货膨胀一旦发生,物价高了,东西越来越贵,那么我们的生活压力自然就会越来越大。比如说,食品价格上涨,蔬菜、肉类、蛋类、米面油等花销就会增多,之前一个月生活费是3000元,那么现在就会上涨到4000元。在工资水平上涨幅度不大的情况下,我们的生活水平就会降低,生活压力就会加大。

而且通货膨胀是具有迅速的传导性的,食品价格上涨会引发其他商品价格的上涨,从而促使整个社会物价水平普遍上涨。比如,食品价格上涨,就会推动相关商品价格攀升,包括食品原料、农产品以及其他涉及人民生活的行业的商品价格攀升。

2018年,我国食品、粮食等价格上涨,这使得我国整体物价水平上涨,CPI较2017年上涨3.54%,通货膨胀率也比2017年上涨了1.48%。据相关数据显示,影响居民消费价格指数的七大类商品中六涨一降,其中医疗保健、教育文化和娱乐、居住价格分别上涨2.5%、2.3%和2.2%,衣着、生活用品及服务价格分别上涨1.6%、1.5%和1.4%。

而2019年初,我国各地猪肉价格持续上涨,短短两个月时间,五花肉价格就上涨了26%。很快,受到猪肉价格上涨的影响,其他商品价格也逐渐攀上,羊肉、牛肉、鸡蛋等畜禽产品都涨了价,之后是鱼类、蔬菜、水果、油盐酱醋,之后是粮食产品、餐

第 8 课 当危机如约而至，我们应该亮出何种招式

饮业……虽然通货膨胀和物价上涨都在可控的范围内，但是这也影响了居民生活水平，给人们的生活带来了不小的压力。

同时，通货膨胀会导致我们的手中的财富缩水，一旦银行存款利率跑不赢通货膨胀率，那么存在银行里的钱就会贬值。

比如，2018年我国通货膨胀率起伏不定，最低为1.5%，最高则达到2.9%，可以说我国对通货膨胀的控制是非常好的，可即便如此，我们手中的财富也会随着通货膨胀而缩水。若是我国的通货膨胀率是2%，那么10万元钱在一年后的购买力则只剩下98039元，缩水了1961元。如果通货膨胀率是5%，那么15年之后，你存在银行的10万元钱就只剩下5万元，在随后的5年内，你的钱又会再减少一半，只剩下2.5万元。

对于国家经济来说，通货膨胀也会对其造成很大的影响。对于投资者来说，通货膨胀的影响就不只是物价上涨、生活压力变大那么简单了。通货膨胀发生之后，投资者的成本会有所提升，其中包括原料、人工成本等，导致投资者的收益有所减少，打击其投资的积极性。投资者的积极性大受打击，那么国家的经济增长就会缓慢甚至停止，严重时可能使得国家经济发展受到严重打击，甚至会引起社会的动荡。

2008年津巴布韦发生恶性通货膨胀，央行发行的货币面值高达25亿、50亿、100亿。这导致津巴布韦发生货币危机，物价疯狂上涨，社会动荡不已。为此，津巴布韦政府不得不宣布废掉本国货币，以美元和南非币为流通货币。

同时，通货膨胀还可能造成经济的虚假繁荣，物价上涨导致

产出增加，收入增加，使得人们对某些行业的前景做出错误的判断，从而造成盲目投资的情况。而人们也不愿意把钱存入银行，都急于把钱花出去购买商品和服务，这就会促使物价的进一步上涨，形成经济的虚假繁荣。

所以，美国达拉斯联储主席理查德·费舍尔曾经说："通货膨胀是一股非常可怕的力量，不管它看起来多么诱人，但最终都将以灾难收场。"然而，并不是所有通货膨胀都是有害的，这与其程度轻重有很大关系。

通常来说，通货膨胀可以分为温和的通货膨胀、受抑制的通货膨胀、快速的通货膨胀、恶性的通货膨胀。

温和的通货膨胀的通货膨胀率基本持续在2%~3%，它不仅不会对经济造成不良影响，还可以促进经济的快速增长。这是因为适当的物价上涨可以让投资者获得更多的利润，刺激他们投资的积极性。企业的投资积极性提高了，人们的工资水平就会有所提高，经济增长也会良性增长。

受抑制的通货膨胀也称为压抑型通货膨胀，一般价格水平上涨不明显，会出现商品、物资短缺的情况。政府通过控制货币供应、价格管制、物资控制等行政手段便可以抑制价格的上涨。

快速的通货膨胀和恶性的通货膨胀都对经济发展有很大的害处，它们的通货膨胀率高于5%，甚至高于10%，物价上涨的速度飞快，不管是人们生活水平还是企业的发展都面临巨大压力。如果政府不能有效地控制物价上涨，制定相关货币政策和财政政策，那么国家经济就会面临巨大的危机。比如我们之前所说的津巴布韦恶性通货膨胀。

经济周期——绕不开的经济怪圈

不难发现，每隔一段时间世界或是个别地区就会发生金融危机或是经济危机，而且危机爆发的间隔时间越来越短。

1825年英国发生第一次经济危机，随后危机呈现周期性的重演，且表现出一定的规律。之后，1836年、1847年、1857年、1866年、1873年、1882年、1890年和1900年都爆发了不同程度的经济危机。可以看出，差不多每隔10年就会发生一次经济危机。而到了20世纪，经济危机差不多每隔8年就爆发一次，即1907年、1914年、1921年、1929—1933年、1937—1938年的经济危机。

第二次世界大战之后爆发了三次世界性经济危机，即1957—1958、1973—1975年和1980—1982年的经济危机。各国又发生过数次程度不同的经济危机，比如美国先后发生七次经济危机，包括1948—1949、1953—1954、1957—1958、1973—1975的经济危机以及2007年次贷危机。再比如英国先后发生了七次经济危机，包括1951—1952、1957—1958、1979—1982的经济危机等。除此之外，各地区内也爆发过多次区域经济危机，比如1973年的中东石油危机、1997年亚太金融危机、2008年东南亚经济危机等。

在上述经济危机中，最为严重的是1929-1933年的大危机，这次危机影响非常巨大，波及了整个世界，也成了第二次世界大战爆发的导火索——德国为了转嫁经济危机走上法西斯道路，对外疯狂扩张，引发了世界性的战争。

经济危机使得世界工业生产受到空前猛烈的打击，工业生产倒退到1908年至1909年的水平，各国失业人数剧增，一些国家的失业率竟高达50%；世界对外贸易受到重挫，贸易总额下降了66%，倒退到1913年的水平以下。以美国为例，受到经济危机的影响，其工业生产下降了56.6%，其中钢产量减少了75.8%，汽车产量减少了74.4%，失业人数高达1200多万人。

既然经济危机的破坏性是巨大的，对于各国和世界经济的影响是严重的，那么人们为什么不想办法遏制经济危机的发生？经济危机频繁爆发，我们就真的逃不过它吗？

事实上，经济危机爆发的根源是生产过剩，只要实行市场经济，那么我们就无法消除产生经济危机的根源，经济危机也就会呈现周期性的爆发。由于经济的扩张和收缩总是呈现交替反复的规律，所以经济活动也会表现为危机、萧条、复苏和繁荣四个阶段。危机是经济周期的决定性阶段，是上一个经济周期的终点，也是下一次经济周期的起点。

经济周期是国民总产出、总收入和总就业的波动，是国民收入或总体经济活动扩张与紧缩的交替或是周期性波动变化，它是以绝大部分经济部门的扩张与紧缩为标志。

简单来说，经济发展总是按照"危机-萧条-复苏-繁荣-危机"的规律发展的。

就像是波浪有波峰和波谷一样，当经济发展到一定繁荣程度时就会由盛转衰，随即进入最低点的危机。当经济危机爆发之后，随后就会迎来复苏和上升期，然后是慢慢地趋向于繁荣。如此循环反复。

也就是说，除去一些外在因素，经济危机或是金融危机是经济周期导致的，不管是任何国家抑或是世界经济的发展都绕不开这一怪圈。繁荣的背后必然是萧条，而萧条之后必然伴随着危机。

当然经济周期并不固定，法国经济学家朱格拉认为其周期一般为9~10年，这也符合最初经济危机爆发的频率，即每隔10年爆发一次。可也有很多经济学家持有不同意见，英国经济学家基钦认为经济周期只有3~4年，美国经济学家库涅茨认为经济周期一般为15~25年，而俄国经济学家康德拉季耶夫则认为经济周期长达50~60年。

这些经济学家之所以持有不同观点，是因为他们判断经济周期的标准不同，库涅茨是以建筑业的兴旺和衰落作为划分标准的，而朱格拉则是以国民收入、失业率以及大多数经济部门的生产、利润和价格的波动为标准。

总之，经济就像是波浪一般，总是从波峰到波谷，再从波谷到波峰，这是一个完整的经济周期。尽管现在经济发展迅猛，各国对经济宏观调控加强，但是它始终绕不开这个周期的怪圈。而且随着国际经济关系日趋密切，生产和资本国际化的速度越来越快，经济危机扩展和延续也越来越快。

令人恐惧的经济大萧条

当一国经济衰退连续超过3年，或实际GDP负增长超过10%时，这个国家便进入了经济萧条。

什么是经济衰退。简单来说，经济衰退就是一国实际GDP至少连续两个季度出现负增长趋势。其具体表现为经济活力普遍下降，消费者需求、投资急剧下降，失业率普遍升高，企业利润急剧下滑，物价持续下降。虽然经济衰退是经济周期的其中一环，但是经济衰退并非总是存在。

而任何经济衰退期，一国GDP下降超过10%，那么就可视为经济萧条。可以说，经济萧条是规模巨大、持续时间长、经济下跌严重的经济衰退。其主要特征为需求严重不足，生产严重过剩，企业盈利水平极低，生产萎缩，出现大量破产倒闭。但不管是经济萧条还是经济衰退都对于一国经济具有巨大的负面影响，会导致大规模失业，经济发展停滞，甚至会引发金融危机或经济危机。

与经济危机相比，历史上爆发的经济萧条并不多，比如1873美国铁路危机、1929—1933的大萧条、1973—1975年美国经济萧条等。

其中最为严重的是1929—1933的大萧条,当时美国有近32000家企业倒闭,近10000家银行破产,3400万名美国人没有任何收入,1500万以上的人失去工作,其中不乏16~21岁的青壮年。

在经济萧条的影响下,1931年美国工业生产总指数比1929年下降了53.8%,钢铁、汽车、建筑等支柱产业衰退更为明显。农业遭受的打击更为严重,农产品价格下降60%,数百万农民破产,沦为佃农甚至是居无定所的拾荒者。1932年,美国有些州的90%以上的儿童由于饥饿,处于严重营养不良的状态。

不仅仅美国如此,英国、德国等欧洲国家都陷入经济萧条的泥潭。其中英国失业率达到了25%,生产力降到了1897年之前水平;1932年德国失业率高达45%,超过1.5万个农场破产;意大利财政出现巨大赤字,通货膨胀严重,有超过100万人失业。据估计,在此期间,全世界的金融损失高达2500亿美元。

那么经济萧条都是由哪些因素引起的呢?

首先引起经济萧条的重要成因是经济危机,而其本质是通货膨胀下的周期性经济问题。前面我们说过,由于货币和信贷的扩张,经济会呈现"危机-萧条-复苏-繁荣"的周期现象。度过经济危机之后,市场会重新慢慢步入正轨,然后是逐渐复苏和繁荣,可若是政府对经济恢复进行大量干预,那么就会破坏市场恢复的机制,从而引发经济萧条。

1929—1933的美国经济大萧条就是由美国金融危机引起的。1929年10月29日,纽约证券交易所的股指暴跌,上万家银行破产倒闭，证券持有者的损失高达260亿美元。这一天被人们称为"黑色星期二"，无数人辛苦一生的血汗钱化为乌有。而这一金融危机迅速席卷西方国家甚至是全世界，使得全世界都进入了长达十几年的经济大萧条。

其次，通货紧缩也可能会引起经济的严重衰退，从而引发经济萧条。

通货紧缩与通货膨胀恰好相反，主要表现为货币持续升值，物价水平普遍持续地下降，有效需求严重不足。虽然货币购买力上升了，但是人们不再愿意消费和投资，在这种情况下，货币流通性不强，企业受益减少。而企业受益减少了，人们的工资水平就会降低，甚至出现失业的情况。当失业人数持续增加，个人和企业债务越来越重的时候，经济发展就会迟缓甚至停滞不前，从而导致经济衰退的情况。

同时，通货紧缩还可能导致银行危机的爆发。这是因为货币越来越值钱，借款人的负担越来越重，甚至是无力偿还贷款。这个时候，银行的不良资产就会增加，信用风险持续增高，一旦银行出现大量不良资产，就会面临倒闭的危险。而金融系统的崩溃就会导致金融危机，进一步促进经济衰退的发生。

综上所述，经济萧条并不只是突发的经济事件，是由多种经济因素引起的。各国想要走出经济萧条、尽快使得经济复苏就应该采取积极的措施，比如提升个人和企业的消费和投资欲望，实行积极的财政政策和扩张性的货币政策等。同时政府还应该积极扩大内需，增强与他人的经济来往和经济合作，避免"孤立主义"和"保护主义"。

节俭怎么还有错了

　　节俭是一种美德，可在经济学领域，从某种程度来说节俭并不值得提倡，因为它很可能导致收入的降低以及经济的衰退。与之相反的是，若是国民增加消费虽然有悖节俭的美德，但却有利于整体经济繁荣。

　　这就是我们所说的"节约悖论"，这一理论最早是由经济学家凯恩斯提出的，他认为节俭是错的，甚至曾经形象地说："你每储存5先令，就让一个人失业一天。"

　　其实，我们用一句话就可以概括凯恩斯的"节约悖论"——消费促使经济的繁荣，节约导致经济的萧条。可说到这里，很多人感到不解了，不管是一个人还是一个国家，大家都大肆消费和挥霍，那么财富很快就会被浪费掉，面临破产衰亡的困境。为什么凯恩斯还提出"节约悖论"呢？

　　为了阐述这一理论，凯恩斯引用了一个形象的故事：

　　　　一窝蜜蜂每天辛苦地劳作，然后享受劳动后的成果——每天都尽情地享受美味的蜂蜜。可是有一天，有人告诉蜜蜂

"你们那么辛苦地劳作，难道就是为了浪费吗？你们为什么不节俭一些，把财富都积攒起来。"

蜜蜂们听了这人的话觉得非常有道理，于是它们不再大吃大喝，个个都厉行节约，可结果呢？蜜蜂们好像失去了劳作的动力，不再辛勤地采蜜，从此整个蜂群迅速衰败下去，慢慢地消失了。

为什么会如此？其实就在于蜜蜂不再享受劳作的成果，对未来也不抱有什么希望。在经济生活中也是如此，当人们积极消费时，货币流通就会频繁，企业收入和投资活力有所增加，从而促使国民收入普遍提升，整个经济和市场呈现繁荣的景象。可若是人们厉行节俭，不再愿意消费，那么货币流通就会减少，企业收入就会有所降低，经济就会发展缓慢甚至陷入衰退。

然而需要注意的是，凯恩斯提出的国民收入是非自愿失业存在的前提下进行的短期静态的分析。当市场的商品出现积压，没有销售出去的时候，就不能被计入国民收入。所以，国民消费增加，积压商品就会减少，计入国民收入的价值就越多；可若是国民都不愿意消费，选择把钱存进银行，那么企业积压的商品就会增加，从而导致计入国民收入的价值减少。

这也是凯恩斯"节约悖论"的局限，他的国民收入统计不过是推销积压产品罢了。而现实经济并非静态不变的，也不是短期的过程。从长期动态的角度来看，人们把钱节约下来，用来投资和升值或是增加生产能力，对于经济繁荣是有益的。而人们若是只图眼前利益，大肆消费浪费，那么很可能导致资源的浪费，影响未来经济发展。

所以，想要解决这个问题，我们需要做的不是过度消费甚至铺张浪费，而是应该保持消费和需求的一致。我们需要合理消费，把手里的钱变成现实的购买力，积极进行合理的投资，如此一来，节俭不仅不会导致经济萧条，反而会促进经济增长。

以我国为例，节俭是人们崇尚的美德，而铺张浪费则是令人厌恶的恶习。在整个国家经济实力还不强的情况下，大肆鼓吹刺激消费，不利于个人生活水平的提高和国家经济的发展。我们继续保持节约的美德，把节约下来的钱用来投资，那么我们的生活就会越来越美好，我国经济也会进入新一轮的繁荣。